张小勇 编著

中国地理知识要领

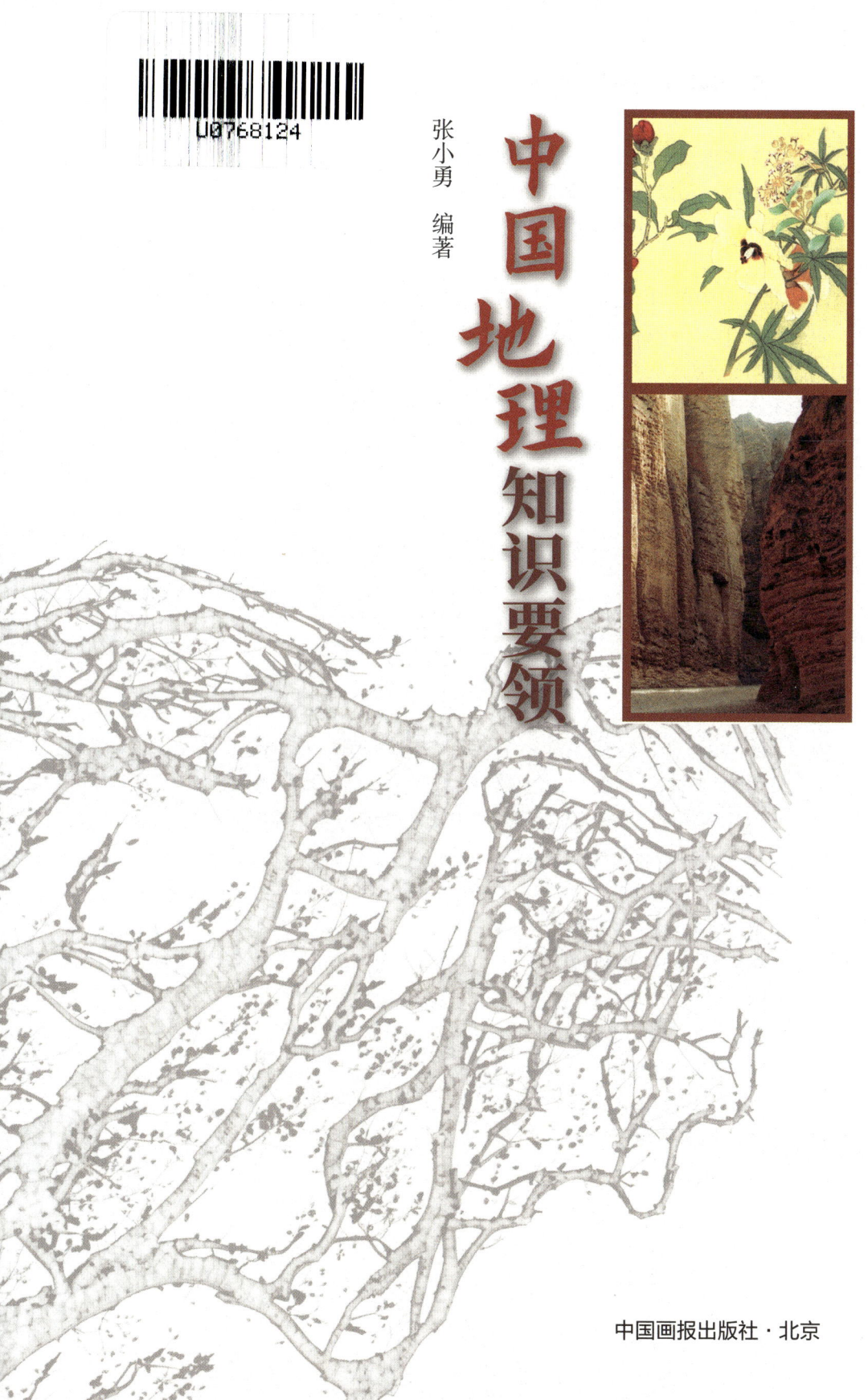

中国画报出版社·北京

图书在版编目（CIP）数据

中国地理知识要领 / 张小勇编著． -- 北京：中国画报出版社，2012.7（2025.1 重印）
ISBN 978-7-5146-0501-3

Ⅰ．①中… Ⅱ．①张… Ⅲ．①地理－中国－青年读物 ②地理－中国－少年读物 Ⅳ．① K92-49

中国版本图书馆 CIP 数据核字（2012）第 152804 号

中国地理知识要领　　　　　　　　　　张小勇　编著

出 版 人：田　辉
责任编辑：张光红
出　　版：中国画报出版社
地　　址：中国北京市海淀区车公庄西路 33 号，邮编：100048
电　　话：010-88417359（总编室兼传真）　010-88417359（版权部）
　　　　　010-88417418（发行部）　010-68414683（发行部传真）
印　　刷：三河市兴国印务有限公司
监　　印：傅崇桂
经　　销：新华书店
开　　本：700mm×1000mm　1/16
印　　张：13
字　　数：305 千字
插　　图：400
版　　次：2012 年 10 月第 1 版　2025 年 1 月第 2 次印刷
书　　号：ISBN 978-7-5146-0501-3
定　　价：78.00 元

如发现印装质量问题，请与承印厂联系调换。
版权所有，翻印必究；未经许可，不得转载！

中国地理知识要领

前言 Introduction

　　地理学是研究人类生存的地理环境，以及人类与地理环境关系的一门学科。这门学科阐明了地理事物和地理现象的分布规律、世界和中国各地区的区域特征和区域差异。地理学与人类的生活和生产有着密切的关系。它在实现中国社会主义现代化建设中具有重要的作用。地理课是中学必修的一门基础课程。学生学好地理课，可为进一步学习文化科学知识，参加社会主义现代化建设，打下必要的基础。

　　中学地理的学习任务是在小学地理教学的基础上，使学生进一步掌握有关地球、地图、中国地理的基础知识，掌握阅读和运用地图、图表的初步技能，初步懂得地理环境各要素之间、人类与地理环境之间的相互关系，并且使学生比较系统地获得有关人类赖以生存的地理环境，以及有关人类与地理环境关系的基础知识和基本原理；了解不同地区应如何合理利用自然和保护环境，协调好人类与环境的关系；学会运用地理数据、地理事实材料、图表、地图去阐述问题和分析问题。

　　为了实现中学地理的学习任务，本书编写内容的安排注意中国地理知识本身的科学性和系统性，由浅入深，由易到难，从感性到理性，循序渐进，符合学生的认识规律，并且照顾到同小学地理的衔接，以及同其他学科的配合。本书主要是讲述中国地理的初步知识，中国地理先讲述全国地理概况，再讲述分区地理，最后讲述区域特征和区域差异，交通运输和贸易，合理开发利用自然资源和保护环境。

　　中国地理的内容很庞杂，在中学的教学中分成了若干册讲述，如果在一本书中讲述中国地理的内容，将是厚厚的一大本。本书采用"去粗取精"的编写思路,将中国地理的内容精简化,采用"知识要领"的方式讲述。"知识要领"也就是"知识要点"和"关键内容"之意,本书在取材上注意抓住关键内容和核心内容,严格依据中学地理教学大纲编写。本书虽是"知识要领",但并不是知识要点的简单罗列,而是对关键知识点进行精炼的阐述,让学生在学习中并不感到枯燥,又减去了学生许多不必要的学习负担。

而且,本书在基于讲述中国地理知识要点的同时,融入了浓厚的人文历史气息,并恰当加入科普趣味故事,增强了可读性。比如,讲到地理与民族的时候,讲解了许多少数民族名称的来源。中国55个少数民族族名的来源,大致有五种情况。一是来源于历史或民间传说,如柯尔克孜族;二是因自然环境和居住地域而得名,如侗族居住在湘、黔、桂边境,因史料中多称这些地区为"峒"或"溪洞",久而久之,"仰"或"洞"演变成侗族的专称了;三是族名和历史上的政治原因有关,如塔塔尔族;四是名称来源于早期部落经济、文化生活的某些特点,如瑶族;五是沿袭众多部落中的一个部落的名称,如蒙古族。

书中像这样与地理紧密相关的人文历史气息浓厚的故事不在少数。这些内容能够有效地激发学生的学习兴趣,避免单独学习地理知识的枯燥感。

本书语言表述生动流畅、图文并茂、通俗易懂。一方面力图用简明生动的语言包含最大的地理知识含量,提供翔实可靠的地理资料;另一方面精心挑选、插入了多幅精美的图片和地图,而且每幅图都配有生动丰富的注解,它们既可以加深读者对地理知识的理解和印象,同时又能给广大青少年读者带来视觉上的审美感,增加阅读兴趣。

目录 CONTENT

第一章　地球与地图

地球的形状和大小 /12
　　地球是一个球体 /12
　　地球是一个扁球体 /15
　　地球是一个不规则的扁球体 /17
　　地球在变化 /17

地球的运动 /19
　　地球的自转 /19
　　地球的公转 /22

认识地球仪 /28
　　几种常见的地球仪 /28
　　地球仪上的经纬线 /29
　　本初子午线的来历 /30

地图的阅读与使用 /32
　　地图的投影 /32
　　地图阅读的程序 /33
　　在地图上判断方向 /33
　　意境地图 /35

第二章　地理疆域与行政区划

中国的陆海疆域 /38
　　中国的陆地疆域 /38
　　中国的海上疆域 /38

中国的行政区划 /41
　　三级行政区划 /41
　　记忆中国省级行政区的口诀 /42
　　省级行政单位简称的由来 /42

第三章　人口与民族

中国的人口 /46
　　人口数量 /46
　　中国人口增长 /48
　　中国人口分布 /48
　　海外华人知多少 /48

中国的民族 /50
　　五十六个民族 /50
　　民族的分布 /51
　　各民族共同发展繁荣 /53
　　中国少数民族族名的由来 /56
　　人民币上的少数民族 /57

第四章　地貌、地形

地球的表面形态 /60
　　内力作用与地表形态 /60
　　外力作用和地表形态 /62
　　人类活动与地表形态 /63

中国的地形特征 /64
　　西高东低的阶梯状地势 /64
　　多种多样的地形 /65
　　定向排列的山脉 /66
　　中国地势、地形速记顺口溜 /66

中国主要的山脉 /67
　　多山之国 /67
　　造山运动 /68
　　中国山系 /69
中国的四大高原 /71
　　青藏高原 /71
　　内蒙古高原 /72
　　黄土高原 /73
　　云贵高原 /74
中国的三大平原 /75
　　东北平原 /75
　　华北平原 /76
　　长江中下游平原 /77
中国的四大盆地 /78
　　塔里木盆地 /78
　　准噶尔盆地 /79
　　柴达木盆地 /80
　　四川盆地 /80
中国的丘陵 /82
　　"两大块或五小片"丘陵 /82
　　江南丘陵 /83
　　浙闽丘陵 /83
　　两广丘陵 /83
　　山东丘陵 /84
　　辽东丘陵 /84

第五章　中国气候的基本特征
大陆性季风气候 /86
　　中国水热条件特点 /87
　　中国各地的雨季 /88
寒潮、梅雨和台风 /89
　　寒潮 /89
　　梅雨 /91
　　台风 /92
气候变化及演变趋势 /94
　　近百年来的温度变化 /94
　　近百年来的降水变化 /94
　　气候变化趋势预测 /95

第六章　河流与湖泊
中国的河流 /100
　　众多的河流 /100
　　两条重要的水文分界线 /102
　　中国河流的主要特点 /103
　　中国的河流的类型 /106
世界上最长的运河 /108
　　开凿大运河 /108
　　沿线地理与现状特征 /109
中国第一大江——长江 /111
　　长江的源头 /111
　　长江的干流 /112
　　黄金水道 /113

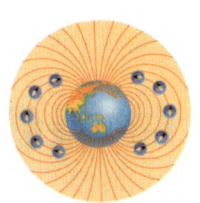

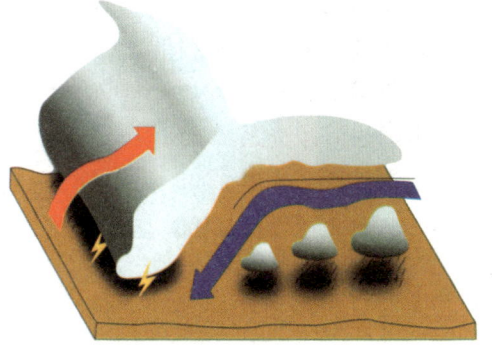

中国第一大河——黄河 /114
  黄河的源头 /114
  河流分段 /115
中国的湖泊 /118
  众多的湖泊 /118
  青海湖——中国最大的湖泊 /119
  鄱阳湖——中国的第一大淡水湖 /120
  洞庭湖——中国第二大淡水湖 /120
中国的沼泽 /121
  中国沼泽的分布规律 /121
  中国的主要沼泽区 /123

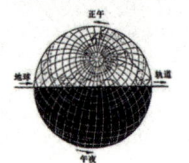
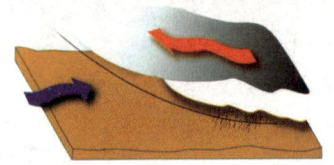

中国的西北地区 /142
  基本概况 /142
  人文环境 /142
  保护草场和治理沙漠 /144
中国的青藏地区 /145
  自然环境 /145
  人文环境 /146

第七章 中国的区域特征与区域差异

中国南北地理分界线 /126
  秦岭—淮河一线 /126
  秦岭南北差异 /127
中国的北方地区 /129
  东北地区 /129
  "东北三宝" /131
  华北地区 /132
中国的南方地区 /135
  华中—西南地区 /135
  华南地区 /137
中国香港、澳门和台湾 /138
  中国香港 /138
  中国澳门 /139
  中国台湾 /140

第八章 中国的自然资源

中国的水资源 /150
  水资源的数量 /150
  水资源的时空分布 /150
  南水北调 /151
中国的土地资源 /152
  中国土地资源的基本特征 /152
  土地资源结构 /153
中国的生物资源 /156
  植物资源 /156
  动物资源 /157
  微生物资源 /158
中国的矿产资源 /159
  中国矿产资源的基本特征 /159
  中国的煤炭 /161
  中国的石油资源 /162
  中国陆上第一口油井 /164
中国的海洋资源 /165
  海洋生物资源 /165
  海水化学资源 /165
  海底矿产资源 /166
  海洋能资源 /167

第九章 中国的工农业生产与交通运输

中国的农业生产和粮食问题 /170
中国农业的地域差异 /170
中国农作物分布 /172
中国的粮食问题 /175

中国的工业生产和工业布局 /177
工业的高速增长 /177
中国工业布局 /178
中国的汽车制造业 /181
中国的造船业 /181

中国的交通运输业 /182
公路运输 /182
水路运输 /183
航空运输 /183
铁路运输 /184
管道运输 /184

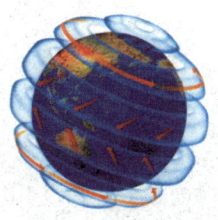

第十章 中国地理中的文化特色

自然环境与饮食 /186
气候与饮食 /186
地理环境与饮食 /188

中国北方民居与地理环境 /190
北京民居 /190
内蒙古民居 /190
宁夏民居 /190
陕北民居 /190
山西与山东民居 /191

中国南方民居与地理环境 /192
江苏民居 /192
上海民居 /192
福建民居 /192
云南民居 /193

第十一章 中国地区区域的环境与发展

值得警惕的温室效应 /196
温室效应的产生 /196
温室效应的影响 /197

湖泊水环境的恶化 /200
"明珠"失去光彩 /200
湖泊富营养化的危害 /201

中国环境保护存在的问题及对策 /203
环境保护的进展和存在的问题 /203
中国环境保护的主要对策 /206

第一章
地球与地图

地球是太阳系大家族中的一颗普普通通的行星，距离太阳约1.5亿千米，使地球得到的太阳能既不太多也不太少，为生物生存提供了比较理想的宇宙环境，从而产生了形形色色的自然地理环境。那么，地球到底是什么样子呢？这是读者首先应该明确的问题，因为，地球是人类赖以生存的基地，是自然地理环境存在和发展的条件。所以我们首先要了解地球的形状和大小。地球的形状使地球表面不同纬度得到的太阳辐射能数量不同，从而出现了不同的热量带，地球的大小使地球产生了大气圈，从而出现了江河湖泊、风雨雷电等自然现象。这些自然现象不是一成不变的，而随时间的变化呈现出明显的日变化和年变化，这种自然现象的时间变化与地球的运动有关，所以我们接着要了解地球的运动。所谓地球的运动是指地球的自转和地球的公转。为了便于更好地认识地球，人们仿造地球的形状，按照一定的比例缩小，制作了地球的模型——地球仪。地球仪是学习地理的很好的工具。要很好地学习地理，我们还要掌握地图的阅读和使用。

地球的形状和大小

▲从太空看地球，地球的形状基本是球形的

首先，问一个有趣的问题：设想有一群蚂蚁，生活在一个比它们大很多很多（比如，大2000万倍）的巨大的球体上，试问，它们有办法知道它们的球形"家园"到底有多大吗？然后，我们再进一步问：如果前面所说的这个球体就是地球，而前面所说的蚂蚁就是人类的话，那么人类是怎样知道地球的大小的呢？比较一下现在所知道的地球的赤道周长（4万千米）和人类的特征身高（1到2米），那么便知道这两个问题还是具有可比性的。实际上，不要说整个地球，就是一座大山，要知道它的大小甚至形状都是很不容易的事情，否则，怎么会有"不识庐山真面目，只缘身在此山中"的感叹呢。

可以说，如何克服人与地球之间在空间尺度（或者"个头"）上的巨大反差来认识地球的形状，如何克服人与地球之间在时间尺度（或者寿命）上的巨大反差来认识地球上发生的过程，是地球科学中的两个带有"形而上"意义的壮观与美感的问题。而地球科学家的了不起之处就在于，他们把这两个几乎是"不可能"的哲学问题，变成了可以操作和可以检验的科学技术问题。早在近代意义上的自然科学出现之前，人们就已经对地球的形状和大小这个问题开始了卓有成效的探索，尽管那时很多人甚至不相信地球是球形的。

地球是一个球体
一、地球是球状体的认识

人类对于大地形状的认识，有十分悠久的历史。由于大地本身庞大无比，而人们的视野范围却十分有限，凭直观的感觉不能认识大地的形状。一个人站在平地上，大约只能看到4.6千米远的地方。这一小部分大地，看起来是一个平面。中国古时有"天圆似

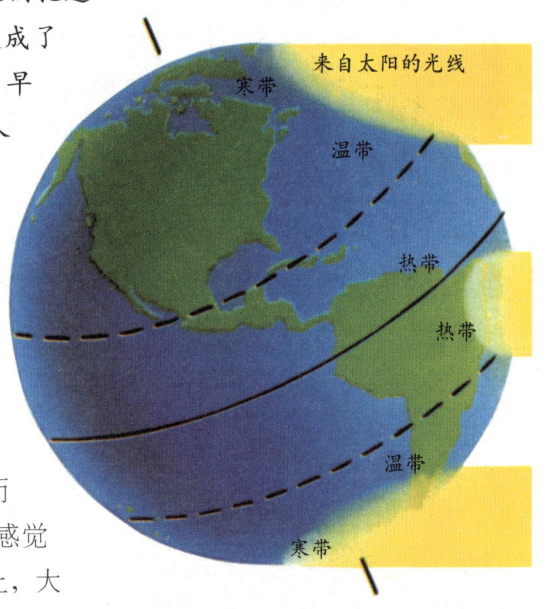

▲地球上的温差带，靠近赤道的地方属于热带，靠近两极的地方属于寒带

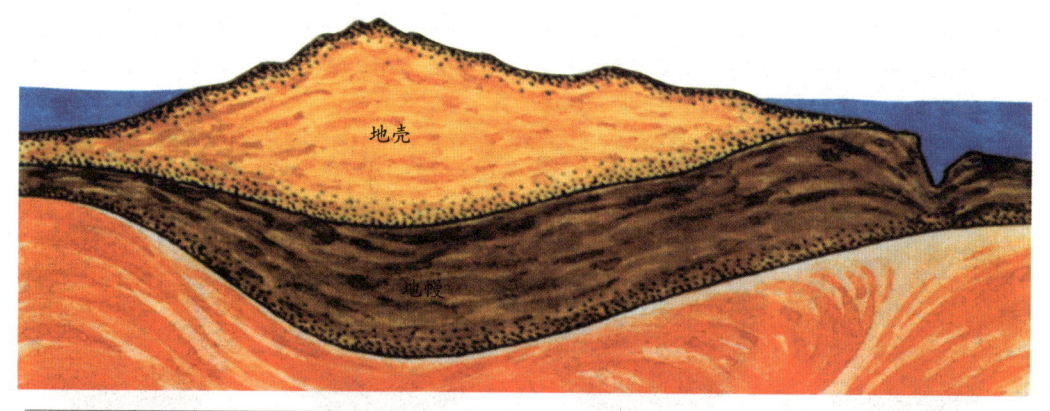

▲地球的内部构造，地壳位于地幔之上，就像浮在海面上的冰山

张盖，地方（平）如棋局"的说法，即认为天空是圆的，大地是平的。

然而，许多迹象表明，地面不是平面，而是曲面。例如，登高可以望远。人眼离地高约1.5米，只能看到4.6千米远；若升到1000米高处，便能看到121千米远的地方。这是地面是曲面的很好证明。

又如，人们在岸边观看远方驶近的船只，总是先见船桅，后见船体；船只离港远去时则相反，先是船体，后才是船桅相继隐入海平面。大地若是平面，那么，不论距离远近，船体和船桅应同时可见。

再如，北极星的高度因纬度而异，愈往北方，它的地平高度愈。中国南方各地，人们能见到南天的老人星，而在北方，老人星永远隐没在南方地平。如此看来，不同地点有不同的地平，地面本身只能是曲面。若地面是平面，遥远的恒星应同地面各部分构成相同的高度角。

上述各种现象都证明大地是一个曲面。然而，曲面还不一定就是球面，只有具有相同曲率的曲面，才构成球面。近代测量表明，地面各部分有大致相同的曲率，每度都在111千米左右。由此可见，球形大地的结论，是以严密的推论和精确的测量为依据的。

▲地球的测量方法，通过对图中标示几点的测量，可以测量地球的各种数据

▼铀等放射性元素释放出的热使地球内部变热,易熔部分开始逐渐化解

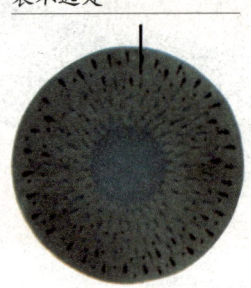
▼铁和镍等重金属开始在中心周围沉积;轻元素成为岩浆,浮在距地表不远处

▼向地心沉积的铁和镍开始形成地核

▼地核在中心形成,地表冷却,大陆地壳开始形成

麦哲伦的环球航行,只是用事实证明大地是一个封闭曲面而已。在进入空间探测的今天,宇航员在宇宙飞船中或登临月球时,真切地看到地球是一个球体。

二、地球大小的测定

当人们意识到足下的大地是个圆球体后,自然会提出这样的问题:地球有多大?测定球体的大小是比较"简单"的,只需测定经线的一段弧长(大地测量)及它对地心所张的角度(天文测量),就可以求知一条经线圈的全长,从而求知地球半径和其他数据。测定经线的一段弧长对于地心的张角,是更加容易的,只需比较一下同一经线上的两地,在同一日期的正午太阳高度,就能得到这个数值。它就是两地的纬度差。

古希腊学者埃拉托斯特尼(Eratosthenes,公元前275—前193)在历史上第一次约略地测定了地球的大小。他知道,夏至日正午,太阳位于埃及南部阿斯旺(旧时称悉尼)的天顶,阳光直射深井的井底。埃拉托斯特尼据此认为,阿斯旺地处北回归线。他还估计,亚历山大与阿斯旺位于同一经线上,两地相距约为5000斯台地亚(希腊里)。这样,他只要测定亚历山大夏至日正午太阳高度,就可以得出地球的大小。

埃拉托斯特尼并不直接测定正午太阳高度,而是用圭表测定正午影长。这种圭表是半个空心圆球,圆球中央有一根竖直的轴。这根轴就是圆球的半径。当圭表放置地面的时候,这根轴便垂直于地面,指向天顶。埃拉托斯特尼测得亚历山大夏至日正午,圭表轴投射在圆球上的影长,约为整个圆周的1/50,即约7.2°。古希腊人已有相当完备的几何学知识。埃拉托斯特尼推得,圭表轴投射在圆球内表面的影长与圆周长度之比,等于阿斯旺与亚历山大两地间的经线弧长与地球周长之比。换句话说,地球子午线周长等于阿斯旺至亚历山大之间距离的50倍,即250,000斯台地亚。1斯台地亚合158米,那么,地球周长为39,500千米。这与近代的测定值40,025千米相当接近,换算成地球半径约为6370千米。

严格说来,埃拉托斯特尼测定地球大小的工作,实际上只

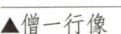
▲僧一行像

做了一半，即测定两地的纬度差；而两地间的距离是估算的，并非实测。最早实测子午线长度的，则是中国唐代天文学家僧一行（本名张遂，673—727）。公元724年，在他的主持下，太史监南宫说率领一支测量队，在今河南省黄河南北的平原地带，分别测定了大体上位于同一经线上的滑县、开封、扶沟和上蔡四地的分至日正午影长和"北极高"（即纬度），同时丈量了上述各地间的水平距离，从而得出"三百五十一里八十步而极差一度"。一行没有球形大地的概念。他只是以实测数据否定当时"日影千里而差一寸"的说法，而没有把"极差一度"看作地面上的纬度。因此，一行并不理解自己所做的就是地球子午线长度的测定，就像后来的哥伦布并不知道他所发现的陆地是美洲一样。

地球是一个扁球体

一、地球是一个扁球体的发现

严格的球体是正球体，它具有统一的半径，因而具有统一的曲率和周长。地球并非这样的球体，而是一个扁球体。

地球扁球体是通过摆钟发现的。1672年，法国天文学家里歇尔（Rieher, J., 1630—1696）受巴黎科学院派遣，到南美洲法属圭亚那首府卡晏（地近赤道）观测火星的视差。他随身带去一架优质的摆钟。到达卡晏后，里舍发现他那走时很准的钟忽然变慢了，每昼夜减慢2分28秒。这是一个不小的误差。他不得不根据恒星的运动来校正他的摆钟，把摆长缩短4毫米，摆钟恢复正常走时。二年后，里歇尔回到巴黎，却发现钟又走快了，加快的数值恰好就是当初在南美减慢的数值。他把钟摆恢复到原来的长度，于是，钟又走准了。

在此以前，人们相信秒摆的长度应该到处都是一样的，有人还曾主张用它来作长度单位；当年伽利略测定重力加速度值时，也没有怀疑到这一点。钟摆在赤道附近变慢，可以令人信服地用重力变小来解释。可是，重力为什么因纬度而改变呢？人们于是把它同地球的运动和形状联系了起来。这是认识上的又一次飞跃。

扁球体的特征是，球半径随纬度的增高而变小：赤道半径最长，极半径最短；与这个特征相

▲地球的磁场分布，由于地球是个扁球体，所以地球的磁力线分布并不规则

联系的是，在扁球体上，赤道和纬线仍是正圆，而经线都是椭圆，它们的曲率自赤道向南北两极减小。

二、地球自转形成扁球体

如果自引力是形成球体的唯一因素，地球必然是正球体。然而，地球是一个旋转体，还受惯性离心力的作用。地球的每一质点都处于引力和惯性离心力合力的作用下，这个合力就是重力。里舍把重力随纬度的变化，归因于惯性离心力的作用。

在赤道上，地球自转最快，惯性离心力最大，重力便减小；到两极，自转的速度和惯性离心力都等于零，那里的重力最大。计算表明，由于惯性离心力的影响，赤道上的重力比在两极减小 1/289。可是，地面重力的实际差异比这要大得多，赤道与两极的重力差值为 1/190。显然，影响地面重力的不仅是惯性离心力。

▲地球在自转与公转的同时，内部也在运动之中

又是牛顿对此做出圆满的解释。他指出，使地面重力自两极向赤道递减的原因有两个：一个是惯性离心力，还有一个是地球的扁缩。牛顿从理论上无可辩驳地证明，在自转的惯性离心力作用下，地球本身必然是扁的。

在不停地自转着的地球上，每一质点的圆运动的中心都在地轴上，惯性离心力的方向都垂直并背离地轴。如把一地的惯性离心力分解为垂直和水平方向的两个分力，那么，这后一分力都指向赤道。正是在指向赤道的水平分力作用下，物质有向赤道集聚的趋势，地球变成了扁球体。

牛顿还根据对木星和土星的观测，发现它们都有赤道突起、两极扁缩的形状，从而推断地球也一定是这种形状。正是根据地球扁球体的理论，牛顿成功地解释了地轴进动和二分点"岁差"的成因。这是地球运动和地球形状内在联系的一种表现。

▲地球的自转，其方向是自西向东

地球是一个不规则的扁球体

20世纪50年代后,科学技术发展非常迅速,为大地测量开辟了多种途径,高精度的微波测距,激光测距,特别是人造卫星上天,再加上电子计算机的运用和国际合作,使人们可以精确地测量地球的大小和形状了。通过实测和分析,终于得到确切的数据:赤道半径约6378千米;两极半径约6357千米;平均半径约6371千米;赤道周长约40,000千米;表面积约为5.1亿平方千米。测量还发现,北极地区约高出18.9米,南极地区则低下24~30米。

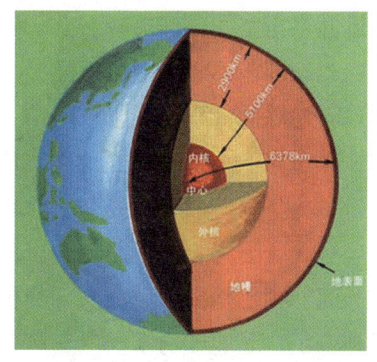
▲地球的内部结构

从确切的数据可以发现,地球是一个不规则的扁球体,主要表现在如下几个方面:地球上的纬线大体上是正圆,但却不是严格的正圆,地球上的经线圈大体上是椭圆,但也不是真正的椭圆;地球南北半球不相互对称,北半球较细较长,南半球较粗较短;地球的几何中心并不位于赤道,是一个不规则的扁球体;地球的形状与参考扁球体比较,在不同的地方相对于参考扁球体有一定偏离,具体的:北半球的高纬度和南半球的低纬度高于参考扁球体;北半球的低纬度和南半球的高纬度低于参考扁球体,北极较参考扁球体高10多米,南极低30米左右。

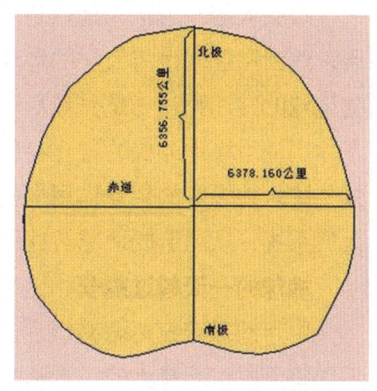
▲地球的形状

有人说地球的形状看起来像一只梨子:它的赤道部分鼓起,是它的"梨身";北极有点放尖,像个"梨蒂";南极有点凹进去,像个"梨脐",整个地球像个梨形的旋转体,因此人们称它为"梨形地球"。

其实,南北两极与参考扁球体之间的差距相对于地球半径来说是微不足道的,因此简单地说它是梨形的也是不确切的。从地球呈两极稍扁、赤道略鼓的形状来看,地球的形状确切地说是个三轴椭球体。

▼地球自转的示意图

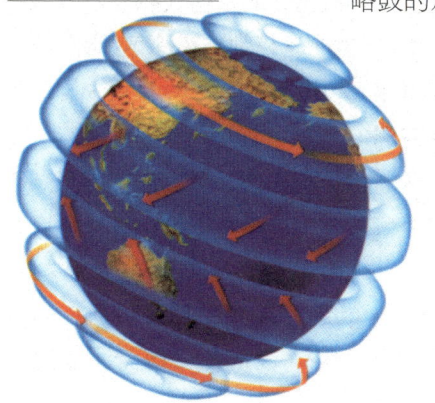

地球在变化

人会一年一年变化,动物和植物也会随着时间年年长大,而我们人类生活的地球会不会随着时间的变化呢?答案是肯定的。根据科学家的发现,我们生活的地球正在发生如下变化:

地球的重量在增加

根据科学家的计算,每年要有4万吨"宇宙灰尘"落在地球上。这些灰尘的大部分虽还可以返回宇宙空间，但仍有一部分留在地球表面，这样，就造成地球在不断地增加重量。

地球的体积在膨胀

过去人们一直认为地球的体积是 11,000 亿立方千米。科学家们最新研究表明，地球的实际体积比这个数字更大，因为它在不断地膨胀。地球的体积为什么会增长呢？主要是由于大洋底部的扩张运动使地心的密度逐渐变小，而地球的体积愈来愈大。

▲地球自转

地球越转越慢

过去人们一直认为地球是以均衡速度自转的，一年四季都不变。但随着科技不断发展，澳大利亚阿得雷大学的地理学家认为，地球的自转速度在逐渐变慢。是何因素在改变地球的转速呢？一是月球与地球间的引力在数亿年的时间尺度上减低地球的转速；二是冰川期后极地冰块的融化在几千年范围内造成地球形状及其转速的改变；三是固体地核与胶状地幔间的相互作用引起地球转速在数十年间的短期变化；四是飓风和海流扰乱大气系统，从而造成地球转速的变化。

地球的一天越过越长

由于地球转速逐渐减慢，从而使一天的时间越来越长。美国航天局研究人员发现：地球每天的时间都比前一天延长 1/700 秒，即经过一年，一天的时间就要延长半秒，每过一个世纪，时间延长一分钟。

地轴在摆动

地球自转时总是绕着自己的轴不停地运动，这个轴叫作地轴。现在科学家们发现地轴有周期性的摆动，并且时间上总与太阳的运动相吻合。

地球在升温

英国天文学家约翰·巴特勒指出：全球表面温度日益升高，造成气候变暖的主要因素是太阳黑子。他发现太阳黑子活动周期愈来愈短，从而使太阳释放的能量就越大，地表气温就越高。美国科学家通过使用金刚石和钻枪模拟地核压力的实验表明，地核测得温度 6880℃，比以前人们认为的 2700～3700℃ 要高。这说明不仅地球表面气温在升高，而且地核的温度也在大幅度上升。

▼地球内部

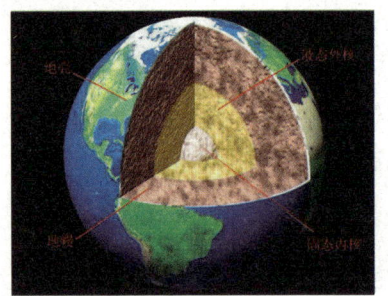

地球内部有空洞

现在愈来愈多的科学家相信地球内部有空洞。原因之一是地球表面积是 5.1 亿平方千米，重量却只有 60 亿吨的 100 万倍，若内部充满岩浆就不该这样轻。原因之二是物理学上的离心作用，即地球在旋转过程中把重的物质抛向外层，其内部所以有可能形成空洞。

地球的运动

地球好比一只陀螺，它绕着自转轴不停地旋转，每转一周就是一天。自转产生了昼夜交替的现象，朝着太阳的一面是白天，背着太阳的一面是夜晚。当我们中国这里是白天的时候，处在地球另一侧的美国正好是夜晚；地球自转的方向是自西向东的，所以我们看到日月星辰从东方升起逐渐向西方降落。地球不但自转，同时也围绕太阳公转。地球公转的轨道是椭圆的，公转一周为一年。地球自转和公转运动的结合产生了地球上的昼夜交替、四季变化和五带（热带、南北温带和南北寒带）的区分。

地球的自转
傅科摆实验

提起地球的自转，在科学技术高度发达的今天，它是一个不容置疑的真理，但如果让人们对此作出证明，或许这并不是一个简单的事情。地球的自转有许多理论和实验上的证据，其中最具说服力的是法国物理学家让·傅科（1819—1868）在巴黎的圆顶大厦进行的摆的实验，后人为纪念他，称之为傅科摆实验。

1851年，法国物理学家傅科在巴黎国葬院安放了一个钟摆装置，这个摆由一根长67米的纤细金属丝悬挂一个28千克重、直径约30厘米的铁球所组成。当时人们把这种从未见过的"超级摆"称之为"傅科摆"。

傅科在法国巴黎万神庙的圆顶上将他亲手制作的傅科摆吊上，让摆在广场上悠然自得地摆动着。这时，成千上万人前来观看这一奇妙的实验。随着时间一分一秒地流逝，他们发现了奇迹，那就是摆在悄悄地发生着"移动"，并且是沿顺时针方向发生旋转。有的人在摆动开始时，明明看到摆球运动到自己眼前，又荡了回去，可经过一段时间后，摆球竟离自己越来越远。这对于围观的人们来讲，他们通过对现象的观测都得出这样的结论，眼看着自己没有移动，那一定是摆平面发生了"移动"。

▼傅科摆

▲傅科

其实摆动的平面是不会发生移动的。我们知道作为一种物质运动形式,摆是无法摆脱地球自转的。傅科选用较长的金属丝,是为了让摆动的时间达到足够的长度,这样便于观察摆动的变化,同时选用较重的摆球,是为了增加摆本身的惯性和动量,以克服空气的阻力,一旦它摆动起来,作为一种运动状态,有滞后于地球自转的惯性,即能够减少地球自转的影响。知道了这一点,我们就不难分析,由于地球的自转,每一个观测者都被地球带着运动,尽管观测者站在原地没有动,可脚下的地面是动了,也就等于把观测者悄悄地带离了原地。因此,真正没有移动的是摆动平面。

傅科的演示直接证明了地球自西向东的自转,所以人们称呼实验中的钟摆为"傅科摆",当时的法国政府还向傅科颁发了荣誉骑士五级勋章,以表彰他的科学贡献。傅科的实验引发了全世界的一股实验热潮,各地的人们纷纷效仿傅科,用长长的钟摆来揭示地球的自转。人们发现,在地球的两极,傅科摆的摆动平面24小时转一圈,而在赤道上,傅科摆没有方向旋转的现象;在两极与赤道之间的区域,傅科摆方向的旋转速度介于两者之间。

地球自转周期和速度

地球绕地轴的转动。地轴是通过地心和地球的南极与北极的假想轴,它与地球的赤道面相垂直。地球自转的方向是自西向东的。因此,人们在地球上看到太阳东升西落,这是相对运动的结果。观察者从天北极俯看地球的自转,是逆时针方向;从天南极俯看地球自转,则是顺时针方向。按规定:从天北极去看,凡按逆时针方向自转的天体,都是自西向东的转动,称为顺向自转;凡是按顺时针方向自转的天体,都是自东向西转动,称为逆向自转。地球是顺向自转,金星和天王星是逆向自转。

▼地球自转

地球自转一周所需的时间为自转周期。为了确定地球自转一周,就需要在地球之外选一参考点,作为计量地球自转一周的开始和终止标记。如果所选参考点为某一恒星,这一恒星连续两次通过地球上某一确定子午线的时间间隔，称为一恒星日，其长度为23小时56分4秒。如果所选参考点为太阳，太阳中心连续两次通过同一子午线的时间间隔，称为一太阳日，其平均长度为24小时。可见一太阳日比一恒星日长3分56秒。

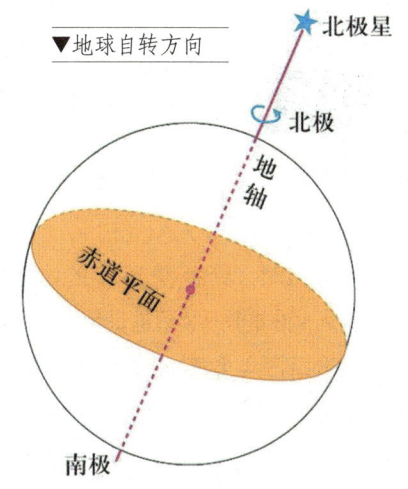

20世纪以来，天文学的一项重要发现，是确认地球自转速度是不均匀的，从而动摇了以地球自转作为计量时间的传统观念，出现了历书时和原子时。到目前为止，人们发现地球自转速度有三种变化：长期减慢、周期变化和不规则变化。

地球自转的长期减慢，使日长在一个世纪内大约增长1～2毫秒，使以地球自转周期为基准所计量的时间，两千年来累计慢了两个多小时。地球自转的长期减慢，可以通过对月球、太阳和行星的观测资料以及古代日月食资料的分析加以确认。通过对古珊瑚化石生长线（化石表壁上的环脊）的研究，可以知道地质时期地球自转的情况。例如，人们发现在泥盆纪中期，即37,000万年以前，每年约有400天，这与天文论证的地球自转长期减慢的量级是一致的。

引起地球自转的长期减慢的主要原因，可能是潮汐磨擦。潮汐磨擦引起地球自转角动量减少，同时使月球离地球越来越远，进而使月球绕地球公转的周期变长。这种潮汐磨擦作用主要发生在浅海地区。另外，地球半径的胀缩，地核增生，地核与地幔之间的耦合也可能会引起地球自转的长期变化。这些问题目前尚在研究中。

地球自转速度季节性的周期变化是在20世纪30年代发现的。除春天变慢和秋天变快的周年变化外，还有半年周期的变化。这些变化的振幅和位相，相对来说，比较稳定。相应的物理机制也研究得比较成熟，看法比较一致。周年变化的振幅约为20～25毫秒，主要是由风的季节性变化引起的。半年变化的振幅约为9毫秒，主要是由太阳潮汐引起的。由于天文测时精度的不断提高，在20世纪60年代末，从观测资料中求得了地球自转速度的一些微小的短周期变化，其周期主要是一个月和半个月，振幅的量级只有1毫秒左右，这主要是由月球潮汐引起的。

地球自转速度除长期减慢、季节性变化外，还存在着时快时慢的不规则变化。这种不规则变化同样可以在月球、太阳和行星的观测资料以及天文测时的资料中得到证实。产生这些不规则变化的机制，目前尚无定论，还处于探索阶段。

地球自转的地理意义？

由于地球自转而产生的自然现象是多方面的，最显著的地理意义是：

（一）地球自转产生了昼夜更替现象。由于地球是一个不发光、也不透明的球体，所以在同一时间里，太阳只能照亮地球表面的一半。向着太阳的半球，是白天；背着太阳的

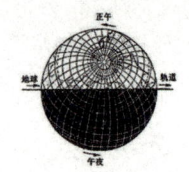

▲地球自转产生昼夜

半球,是黑夜。昼半球和夜半球的分界线(圈),叫做晨昏线(圈)。由于地球不停地自转,昼夜也就不断地交替。昼夜交替的周期不长,就是上述的太阳日。这就使得地面白昼增温不至于过分炎热,黑夜冷却不至于过分寒冷,从而保证了地球上生命有机体的生存和发展。

(二)出现地方时与区时。随地球自转,一天中太阳东升西落,太阳经过某地上中天时为此地的地方时12点,因此,不同经线上具有不同的地方时。跨经度15度的区域使用同一时间为区时(本区中央经线上的地方时),全世界所用的同一时间是世界时(0度经线的地方时)。区时经度每隔15度差一小时,地方时经度每隔1度差4分钟。

北京时间是指东八区的区时,也就是东经120°的地方时。离北京所在的东八区较远的地区,作息时间与北京不同。例如,新疆的乌鲁木齐市,人们一般10点钟上班,14点吃午饭。因为乌鲁木齐在东6区,与北京时差为2小时,如果乌鲁木齐的人们使用东6区的区时,作息时间会与北京相同,但乌鲁木齐使用的是东8区的区时"北京时间",所以他们的作息就在"北京时间"的基础上延迟了2小时。

(三)物体水平运动的方向产生偏向。地球上水平运动的物体,无论朝着哪个方向运动,都发生偏向,在北半球向右偏,在南半球向左偏。这些现象都是地球自转的结果,也是地球自转的有力证据。

(四)地球自转对地球形状的影响。地球在自转过程中,球上各质点都在绕着地轴作圆周运动。因此,就会产生惯性离心力。这种离心力随着物体距离地轴半径的增大而增大,也就是说,从赤道向两极,惯性离心力逐渐减小。使得地球由两极向赤道逐渐膨胀,长期作用使地球变成两极稍扁、赤道略鼓的椭球体形状。

▼地球自转的速度,地球自转的角速度除两极点外各点相同,但线速度从赤道到两极点依次减小

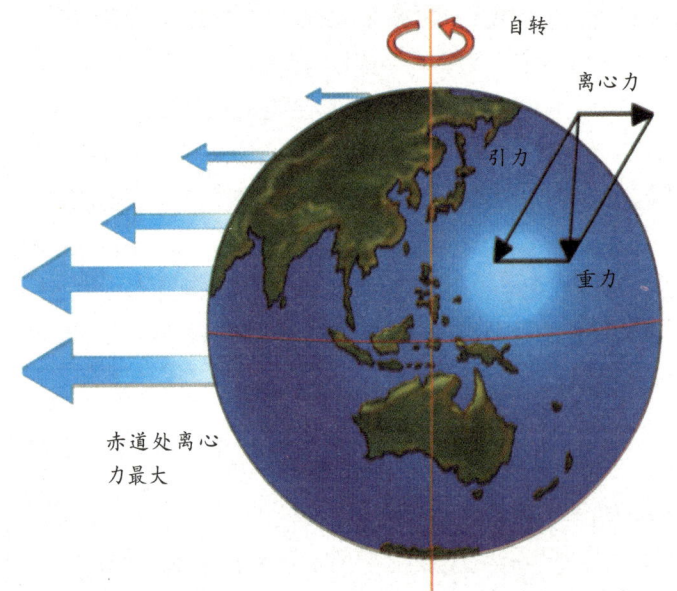

地球的公转
地球公转的轨道和方向

像地球的自转具有其独特规律性一样,由于太阳引力场以及自转的作用,而导致地球的公转。地球的公转也有其自身的规律。

地球在公转过程中,所经过的路线上的每一点,都在同一个平面上,而且构成一个封闭曲线。这种地球在公转过程中所走的封闭曲线,

叫做地球轨道。如果我们把地球看成为一个质点的话，那么地球轨道实际上是指地心的公转轨道。

严格地说，地球公转的中心位置不是太阳中心，而是地球和太阳的公共质量中心，不仅地球在绕该公共质量中心转动，而且太阳也在绕该点转动。但是，太阳是太阳系的中心天体，地球只不过是太阳系中一颗普通的行星。太阳的质量是地球质量的33万倍，日地的公共

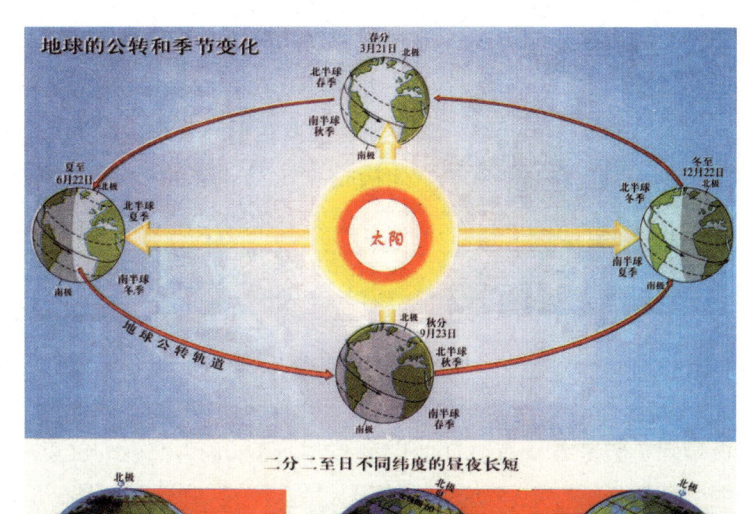

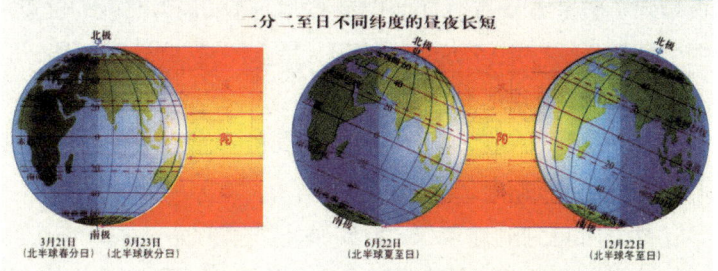

▲地球公转的方向和季节变化

质量中心离太阳中心仅450千米。这个距离与约为70万千米的太阳半径相比，实在是微不足道的，与日地1.5亿千米的距离相比，就更小了。所以把地球公转看成是地球绕太阳（中心）的运动，与实际情况是十分接近的。

地球轨道的形状是一个接近正圆的椭圆，太阳位于椭圆的一个焦点上。由于地球轨道是椭圆形的，随着地球的绕日公转，日地之间的距离就不断变化。地球在轨道上的位置有近日点、远日点之分。大约每年1月初过近日点，7月初过远日点。日地距离的远近对地球四季的变化并不重要，因为一年中日地距离最远是1.52亿千米，最近是1.47亿千米，这个变化引起一年中全球得到太阳热能的极小值与极大值之间仅相差7%。而由于太阳直射点的变化，南北半球各自所得太阳的热能，最大可相差到57%。可见，太阳直射点的位置是决定地球四季变化的重要原因。当地球过近日点时，太阳直射南半球，南半球所获得的太阳热能超过北半球，因此，南半球正值夏季，北半球自然是处于冬季了。同样道理，地球过远日点时，太阳直射北半球，北半球所获得的太阳热量超过南半球，所以北半球为夏季，南半球处于冬季。此外，地球公转速度也有影响作用，地球过近日点时公转速度很快，过远日点时公转速度慢。

地球轨道面和黄赤交角

如前所述，地球在其公转轨道上的每一点都在相同的平面上，这个平面就是地球轨道面。地球轨道面在天球上表现为黄道面，同太阳周年视运动路线所在的平面在同一个平面上。

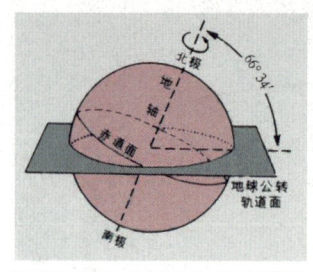

▲地轴与地球公转轨道面的交角

地球的自转和公转是同时进行的,在天球上,自转表现为天轴和天赤道,公转表现为黄轴和黄道。天赤道在一个平面上,黄道在另外一个平面上,这两个同心的大圆所在的平面构成一个 23°26′ 的夹角,这个夹角叫做黄赤交角。

黄赤交角的存在,实际上意味着,地球在绕太阳公转过程中,自转轴对地球轨道面是倾斜的。由于地轴与天赤道平面是垂直的,地轴与地球轨道面交角应是 66°34′。地球无论公转到什么位置,这个倾角是保持不变的。

在地球公转的过程中,地轴的空间指向在相当长的时期内是没有明显改变的。目前北极指向小熊星座 α 星,即北极星附近,这就是天北极的位置。也就是说,地球在公转过程中地轴是平行地移动的,所以无论地球公转到什么位置,地轴与地球轨道面的夹角是不变的,黄赤交角是不变的。

黄赤交角的存在,也表明黄极与天极的偏离,即黄北极(或黄南极)与天北极(或天南极)在天球上偏离 23°26′。

我们所见到的地球仪,自转轴多数呈倾斜状态,它与桌面(代表地球轨道面)呈 66°34′ 的倾斜角度,而地球仪的赤道面与桌面呈 23°26′ 的交角,这就是黄赤交角的直观体现。

地球公转周期和速度

地球绕太阳公转一周所需要的时间,就是地球公转周期。笼统地说,地球公转周期是一"年"。因为太阳周年视运动的周期与地球公转周期是相同的,所以地球公转的周期可以用太阳周年视运动来测得。地球上的观测者,观测到太阳在黄道上连续经过某一点的时间间隔,就是一"年"。由于所选取的参考点不同,则"年"的长度也不同。常用的周期单位有恒星年、回归年和近点年。

地球公转的恒星周期就是恒星年。这个周期单位是以恒星为参考点而得到的。在一个恒星年期间,从太阳中心上看,地球中心从以恒星为背景的某一点出发,环绕太阳运行一周,然后回到天空中的同一点;从地球中心上看,太阳中心从黄道上某点出发,这一点相对于恒星是固定的,运行一周,然后回到黄道上的同一点。因此,从地心天球的角度来讲,一个恒星年的长度就是视太阳中心,在黄道上,连续两次通过同一恒星的时间间隔。

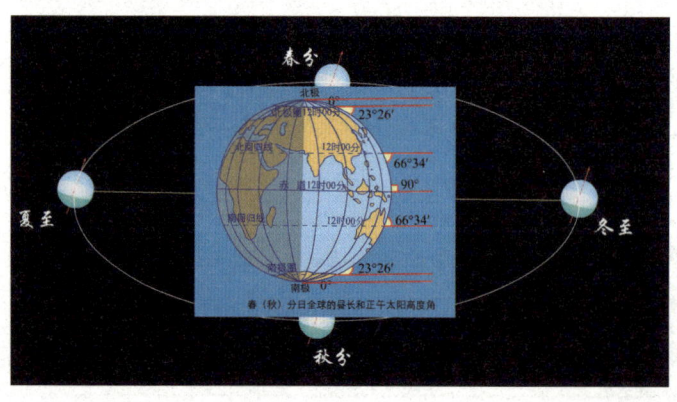

▼太阳直射点的南北移动

恒星年是以恒定不动的恒星为参考点而得到的，所以，它是地球公转360°的时间，是地球公转的真正周期。用日的单位表示，其长度为365.2564日，即365日6小时9分10秒。

地球公转的春分点周期就是回归年。这种周期单位是以春分点为参考点得到的。在一个回归年期间，从太阳中心上看，地球中心连续两次过春分点；从地球中心上看，太阳中心连续两次过春分点。从地心天球的角度来讲，一个回归年的长度就是视太阳中心在黄道上，连续两次通过春分点的时间间隔。

春分点是黄道和天赤道的一个交点，它在黄道上的位置不是固定不变的，每年西移50″.29，也就是说春分点在以"年"为单位的时间里，是个动点，移动的方向是自东向西的，即顺时针方向。而视太阳在黄道上的运行方向是自西向东的，即逆时针的。这两个方向是相反的，所以，视太阳中心连续两次春分点所走的角度不足360°，而是359°59′9″.71，这就是在一个回归年期间地球公转的角度。因此，回归年不是地球公转的真正周期，只表示地球公转了359°59′9″.71的角度所需要的时间，用日的单位表示，其长度为365.2422日，即365日5小时48分46秒。

地球公转的近日点周期就是近点年。这种周期单位是以地球轨道的近日点为参考点而得到的。在一个近点年期间，地球中心（或视太阳中心）连续两次过地球轨道的近日点。由于近日点是一个动点，它在黄道上的移动方向是自西向东的，即与地球公转方向（或太阳周年视运动的方向）相同，移动的量为每年11″，所以，近点年也不是地球公转的真正周期，一个近点年地球公转的角度为360°0′11″，用日的单位来表示，其长度365.2596日，即365日6小时13分53秒。

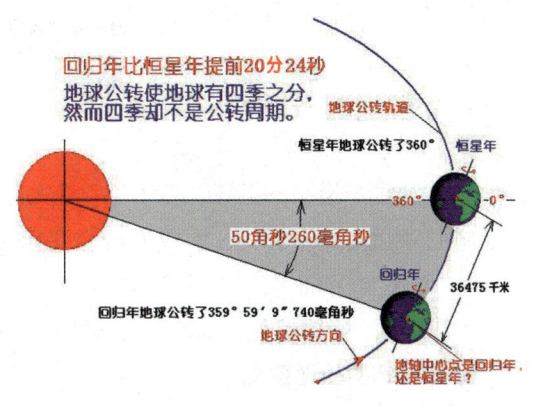

▲图解恒星年和回归年

只有恒星年才是地球公转的真正周期。回归年是地球寒暑变化周期，即四季变化的周期，它与人类的生活生产关系极为密切。回归年略短于恒星年，每年短20分24秒，在天文学上称为岁差。

地球公转是一种周期性的圆周运动，因此，地球公转速度包含着角速度和线速度两个方面。如果我们采用恒星年作地球公转周期的话，那么地球公转的平均角速度就是每年360°，也就是每日约59′8″。地球轨道总长度是940,000,000千米，因此，地球公转的平均线速度就是每年9.4亿千米，约每秒30千米。

依据开普勒行星运动第二定律可知，地球公转速度与日地距离有关。地球公转的角速度和线速度都不是固定的值，随着日地距离的变化而改变。地球在过近日点时，公转的速度快，角速度和线速度都超过它们的平均值；地球在过远日点时，公转的速度慢，角速度和线速度都低于它们的平均值。地球于每年1月初经过近日点，7月初经过远日点，因此，从1月初到当年7月初，地球与太阳的距离逐渐加大，地球公转速度逐渐减慢；从7月初到来年1月初，地球与太阳的距离逐渐缩小，地球公转速度逐渐加快。

我们知道，春分点和秋分点对黄道是等分的，如果地球公转速度是均匀的，则视太阳由春分点运行到秋分点所需要的时间，应该与视太阳由秋分点运行到春分点所需要的时间是等长的，各为全年的一半。但是，地球公转速度是不均匀的，则走过相等距离的时间必然是不等长的。视太阳由春分点经过夏至点到秋分点，地球公转速度较慢，需要186天多，长于全年的一半，此时是北半球的夏半年和南半球的冬半年；视太阳由秋分点经过冬至点到春分点，地球公转速度较快，需要179天，短于全年的一半，此时是北半球的冬半年和南半球的夏半年。由此可见，地球公转速度的变化，是造成地球上四季不等长的根本原因。

地球的赤道与地轴成90°角。

地球绕着贯穿北极和南极的地轴转动。

▲地轴与两极

地球公转的地理意义

（一）引起正午太阳高度的变化。

太阳光线对于地平面的交角，叫做太阳高度角，简称太阳高度（用H表示）。同一时刻正午太阳高度由直射点向南北两侧递减。因此，太阳直射点的位置决定着一个地方的正午太阳高度的大小。在太阳直射点上，太阳高度为90°，在晨昏线上，太阳高度是0°。

正午太阳高度变化的原因主要是由于黄赤交角的存在，太阳直射点的南北移动，引起正午太阳高度的变化。

正午太阳高度的变化规律是，正午太阳高度就是一日内最大的太阳高度，它的大小随纬度不同和季节变化而有规律地变化。

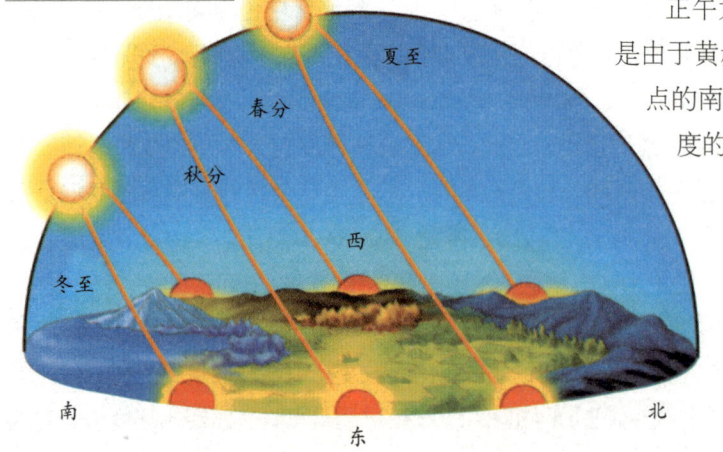

▼地球公转与四季的关系，由于地球绕太阳公转所以产生了四季

（二）昼夜长短随纬度和季节变化。

地球昼半球和夜半球的分界线叫晨昏线（圈）。晨昏线把所经过的纬线分割成昼弧和夜弧。由于黄赤交角的存在，除二分日时晨昏线通过两极并平分所有纬线圈外，其他时间，每一纬线圈都被分割成不等长的昼弧和夜弧两部分（赤道除外）。地球自转一周，如果所经历的昼弧长，则白天长；夜弧长，则白昼短。

（三）四季更替。

夏季是一年中白昼最长、正午太阳高度最高的季节。以24节气中的立春（2月4日或5日）、立夏（5月5日或6日）、立秋（8月7日或8日）、立冬（11月7日或8日）为起点。地球在公转轨道上的运行会产生天气和季节的有规律变化，传统农业中农民依此进行农业生产，有如"谷雨前后种瓜点豆"的谚语。

黄赤交角是影响天文四季的直接原因。这是因为正午太阳高度随纬度分布是：低纬大而高纬小，春秋二分，从赤道向两极递减；夏至日，从北回归线向南北两侧递减；冬至日，从南回归线向南北两侧递减。随季节变化是：北回归线以北，夏至日前后正午太阳高度达最大值，冬至日前后达最小值。南回归线以南则相反。南北回归线之间地带，太阳每年直射两次。

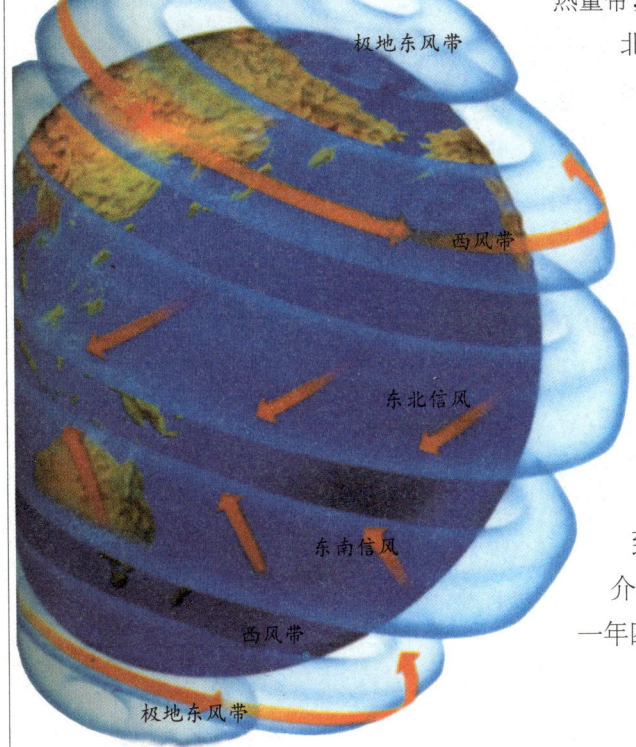

▼地球上的风带，地球上的风带基本上是沿纬线圈的

（四）五带划分。

根据太阳高度和昼夜长短随纬度的变化，将地球表面有共同特点的地区，按纬度划分为五个热量带，即热带、南温带、北温带、南寒带、北寒带。

一年当中，太阳直射点总是在北纬23°26′和南纬23°26′之间来回移动。只有在南、北回归线之间的地区，才能见到太阳直射头顶的景象。这个地区获得的太阳光热是全球最多的，称为热带。南极圈以南、北极圈以北地区，太阳高度很小，可以观察到极昼和极夜现象，得到的太阳热量极少，气温很低，称为寒带。南北回归线到南北极圈之间的地区，得到的光热介于热带和寒带之间，气温也较适中，一年四季分明，称为温带。

认识地球仪

为了便于认识地球，人们仿造地球的形状，按照一定的比例缩小，制作了地球的模型——地球仪。在地球仪上没有长度、面积和方向、形状的变形，所以从地球仪上观察各种景物的相互关系是整体而又近似于正确的。地球仪是地球的模型。它虽然不能像地图那样详细地表示各种地理事物和现象，也不能完全反映地球的实际情况，但是它却可避免地图上存在着长度、方向、面积或形状方面的误差和变形，可以帮助我们阐明许多有关的地球概念，获得地球体的主体概念。地球仪是学习地理的很好的工具。

▲地球仪，地球仪是认识地球的好工具

几种常见的地球仪

世界最早的地球仪是由德国航海家、地理学家贝海姆于1492年发明制作的，它至今保存在纽伦堡博物馆里。学校中常用的地球仪，比例尺为1∶4000万，直径32厘米左右。地轴倾斜约23°27′，又可以绕轴旋转。

地球仪有以下几种类型：①政区地球仪，球面上的内容是一张世界政区图，它用细线绘出经纬线网格，沿赤道注有经线的经度，在与经线平行的地球仪的弯曲支架上，注有纬线的纬度。有的地球仪在北极圈安装一个不随球旋转的指时规，在指时规的圆周上划分24格，代表24小时。旋转地球仪使某一条经线对准特定的时数，可以直观地指出各地的时差。②地形地球仪，主要表示地球表面的水系和地形。它又有两种形式，一种球面是平滑的，用分层设色法表示陆地地形和海底地形，并有世界各自然区的名称注记。在大洋上用箭形符号表示寒流和暖流的运动趋势。另一种球面是高低不平的，即用立体的方法表示地形起伏。在这种地球仪上都注有垂直比例尺。③经纬线网格地球仪，只有经纬网格及其度数注记。一般采用黑底白线，或者用浅色线条表示几条特殊的纬线（赤道，南、北回归线，南、北极圈）和两条特殊的经线（0°和180°）。

▼地形地球仪

在地球仪上能较正确地反映出各种地理事物的长度、面积和角度。此外，利用地球仪可以更好地解释由于地球本身的自转和公转而形成的某些自然现象。

地球仪上的经纬线

纬线与纬度，人们把地轴的中心叫地心，通过地心且垂直于地轴的平面，叫赤道面。赤道面与地球表面相交的大圆圈叫赤道。在地球表面上，凡与赤道相平行的圆圈，就称为纬线圈或纬线。由于赤道面垂直于地轴，而所有纬线都与赤道相平行，所以任何一条纬线都代表地球上的东西方向。

地球上某一点的纬度，就是该点代表重力方向的铅垂线与赤道面的夹角。这个夹角，在赤道为0°，在北京约为40°，在南北两极为90°。自赤道到南北两极的纬度分别有0°至90°。由于赤道面把地球等分为两部分，赤道以南称为南半球；赤道以北称为北半球，所以，纬度也有南北之分，赤道以南称南纬，用"S"表示；赤道以北称北纬，用"N"表示。

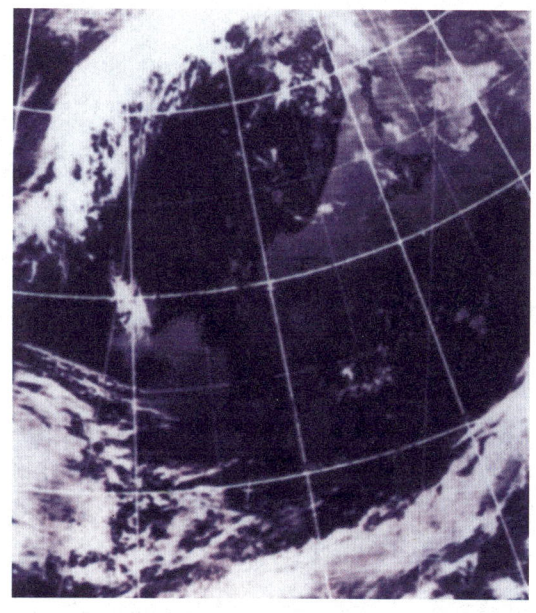
▲卫星拍摄的地图，如果用经纬线标明，很容易确定方位

为了研究某些问题方便起见，我们称0°～30°之间的纬度地带，为低纬度；30°～60°之间的纬度地带，为中纬度；60°～90°之间的纬度地带，为高纬度。

经线与经度，通过两极并和赤道相垂直的大圆圈，称为经线圈或经线，也称子午线。由于所有经线都交于南北两极，又与纬线相垂直，所以任何一条经线都代表地球上的南北方向。地球是圆球，经线又有无数条，所以，为了便于计算，经国际社会之间的协商，决定以通过英国伦敦东郊格林尼治天文台的那条经线为零度经线，又称本初子午线。为使英、法等国和非洲大陆上的各国同属一个半球，东西半球的划分，是以东经160°和西经20°为界。

地球上某一点的经度，就是该点所在经线平面与本初子午线平面之间的夹角。这一夹角相当于这两个平面所夹的赤道弧在地心所张的角度。本初子午线以东称东经，用"E"表示；以西称西经，用"W"表示。地球圆周为360°，所以

▼地球经纬度局部图

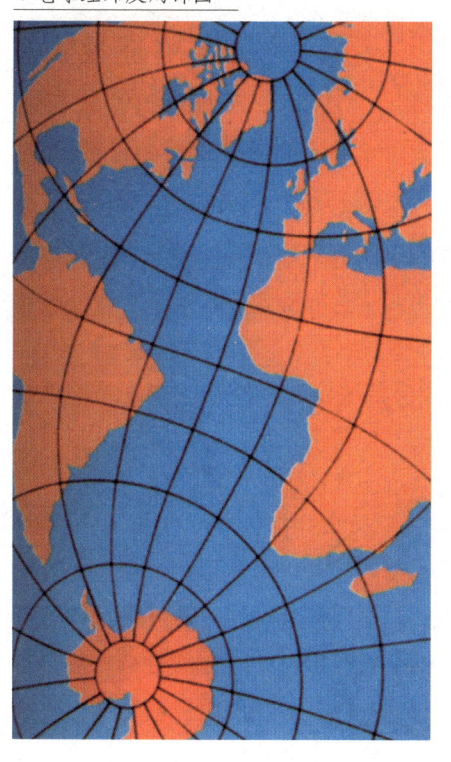

东西经各分180°。

　　经纬网，地球仪上的经纬线共同组成了经纬网。有了经纬网及其经纬度，地球上各个点的位置就容易确定了。地球上两个不同的地点，可以有相同的纬度或经度，但不可能既有相同的纬度又有相同的经度。因此，地球上不同的地点、不同的位置，就可以用相应的经纬度来表示。例如，北京位于赤道以北40°，本初子午线以东116°，北京的地理坐标就是40°N，116°E；利马（南美洲秘鲁的首都）位于赤道以南12°，本初子午线以西77°，利马的地理坐标是12°S，77°W。

本初子午线的来历

　　经线又叫子午线，这是因为中国古代常用的罗盘上面，周围写着：子、丑、寅、卯、辰、巳、午、未、申、酉、戌、亥十二个字，依次排列，把"子"字代表北方，"午"字代表南方。所谓"子午线"，意思就是南北线。因为经线是连接地球南北两极，指示南北方向的，故经线又叫"子午线"。经线圈是通过地球南北两极，是南北方向的，故经线圈亦称"子午圈"。

　　本初子午线是地球上的零度经线，它是为了确定地球经度和全球时刻而采用的标准参考子午线，它不像纬线，有自然起止点（赤道和两极），而是人为确定的。那么，选定哪条子午线作为本初子午线呢？现在，众所周知通过英国格林尼治天文台旧址的子午线是本初子午线。然而确定这条本初子午线却经历了一个漫长的历史过程。

　　古希腊天文学家喜帕恰斯创立了以经纬度表示地理位置的方法，于是他曾经长期工作的罗德岛所在的子午线，成为人类历史上的第一条本初子午线。其后托勒密采用通过加那利群岛的子午线作为本初子午线。到16世纪，随着地理大发现与新航线的开辟，许多地图学家（如墨卡托）分别以通过自己选定的某个群岛或岛屿的子午线为本初子午线，绘制了各种海图。世界各国也各自为政，都选定了自己的本初子午线，中国的北京、洛阳，法国的科沙裴多、巴黎，英国的伦敦，俄罗斯的圣彼得堡，希腊的雅典，丹麦的哥本哈根，西班牙的马德里，挪威的奥斯陆，土耳其的伊斯坦布尔，芬兰的赫尔辛基等所在的子午线，都曾一度作为各自国家规定的本初子午线。这样确定的本初子午线五花八门，很难交流，很需要一条国际公认的统一的本初子午线。

　　1634年4月，在巴黎召开了最初的国际子午线会议决定，将托勒密曾采用的通过加那利群岛的子午线作为本初子午线，但除法国外的其他国家，都主张以通过某国首都或有代表性的天文台的子午线作为本初子午线，所以这条本初子午线徒有虚名。

　　1767年，格林尼治天文台台长马斯开林编制了英国航海历书，使格林尼治天文台在世界上名声大振，此后许多国家的地图开始采用格林尼治子午线为本初子午线。因此，1871年在安特卫普召开的第一届国际地理会议决定：各国海图要统一采用格林尼治子午线为0°经线，而陆地图可自定本初子午线，这个决议得到许多国家响应。

　　与陆地本初子午线混乱问题伴随而来的还有时间问题，各国使用自己的地方时，这给国际交往带来极大不便,迫切需要一条国际公认的本初子午线诞生。1884年10月1日在华盛顿召开的国际经度学术会议上,正式确定以通过英国伦敦格林尼治天文台埃里子午仪中心所在的子午线作为全球的本初子午线,从而结束了本初子午线问题上"群雄纷争"的局面,使全球有了一条统一的本初子午线。

时至1953年格林尼治天文台迁往位于东经$0°20'55''$的赫斯特孟骚,但全球仍然以天文台旧址所在经线为本初子午线。今天,在天文台旧址上还矗立着一座子午宫,那里有一条宽十几厘米,长十多米的铜制子午线,嵌在大理石中间,笔直地从子午宫伸出,它就是现在全球统一使用本初子午线的地面标志。

▼格林尼治的本初子午线标志

地图的阅读与使用

地图是将地球表面的各种地理事物和现象加以综合，按照一定的数学法则建立地球和平面间的相互联系，用符号、文字和颜色把地球空间现象表现在平面上的图形。因为地图空间有限，在表现地球表面的现象时，一方面必须按一定比例尺缩小表示，另一方面要对地表现象进行选择或综合，保留和突出主要的、本质的特性，显示有用的地理现象，因此地图不是地球的机械缩小。人们阅读地图，可以了解某个地区、国家以至整个世界的地理事物的数量、质量、分布、联系和变化等内容。

地图的投影

把复杂的地面景物准确、概括地反映在一张纸上并不容易。我们知道，地球的表面是一个近似正圆的椭球体曲面，而地图则通常是平面的。

由于曲面是无法展平的，因此要把球面上的景物反映在平面上，必须首先根据一定的数学法则，把地球上的经纬网投影到一个平面上来，然后再以平面上的经纬线为坐标，把地面景物按相应位置转绘上去。这种按数学法则将地球上的经纬网转绘到平面上去的方法，叫地图投影。可见，要编制地图，必须采用地图投影的数学方法。

世界地图常用的几种投影

投影名称	特征	用途
墨卡托投影 （等角正轴圆柱投影）	没有角度变形，经纬线为平行直线。航海靠近两极，纬线间距越大。大陆形状正确，大小（面积）有变形。越靠近极地，面积变形越大。	航海
摩尔威特投影 （等积伪圆柱投影）	没有面积变形，长度和角度都有变形。离中央经线越远，经线弯曲越严重。	
彼得斯投影	没有面积变形，大陆形状狭长。	人口分布
天顶投影 （正轴方位投影）	从投影中心到任何点的方位角没有变形。经线是从投影中心向外放射的直线，纬线是以投影中心为圆心的同心圆。	确定飞机航线

地图阅读的程序

（一）地图辅助要素的阅读

阅读地图首先应阅读图名、图号，了解地图所表现的区域、位置、范围和主题。

其次阅读比例尺，由比例尺可以了解地图内容的详细程度和精度，从而能了解地图的主要用途及其应用范围。

然后详细阅读图例，地图图例是阅读地图的一把钥匙，从图例中可以了解各种符号的图形、尺寸、颜色及不同规格注记所代表的具体内容，分级分类指标等。同时可以进一步分析地图表示方法的选择、分级分类指标的确定、图例符号设计的合理性。

最后阅读文字说明，如地图成图时间、成图单位、资料使用情况等。搞清地图编制出版时间、编图单位以及资料的来源与使用情况，可以使用图者了解地图内容的现势性及其可信程度。

此外，阅读一幅地图应尽量搞清所使用投影的变形性质及变形分布，以便为进一步阅读和分析地图提供数学依据。中国大比例尺地形图，包括根据地形图编制的县图，使用的都是高斯－克吕格投影。中比例尺的省区图一般都使用双标准纬线等角圆锥投影。

（二）地图内容的一般性阅读

地图内容的一般性阅读，通常是指对地图所作的一般性浏览。这种阅读方式可以分两种情况，即整幅图的一般性阅读和沿指定路线所进行的一般性阅读。

整幅图的一般性阅读　主要是了解图幅范围内的一些最基本的地理概况，如地理位置和范围，地形起伏和水系分布等山川大势，居民点与交通网的分布情况，行政区划总的隶属关系和内部的具体划分，以及除上述内容之外的某种专题内容的大体分布趋势等。

指定路线的一般性阅读　主要是为野外考察或出差旅行的需要，先大体上了解一下某一指定路线所经过的地形单元、河流、湖泊等水体的名称，交通线及车站、码头的一般情况，以及所穿越的行政区划界、行政单元，或某种专题内容的类型界线和单元等。

（三）地图内容的详细阅读

由于用途不同，使用地图的种类不同，因而地图阅读的内容和要求也各异。对普通地图而言，首先应分要素详细阅读，然后按区域进行综合分析；而专题地图，应先阅读底图要素，然后再阅读专题内容、进而再阅读分析专题要素和地理基础之间的关系，找出其成因联系。

在地图上判断方向

在判断地图上的方向时，应根据不同的地图，使用不同的方法。在没有经纬线的平面地图上，一般是按"上北、下南、左西、右东"的原则来判断；在有方向标的地图上，应根据方向标所指示的方向来辨认方向；在有经纬线的地图上，要严格按照经、纬线来判断方向。

平面地图上的一般判断方法，一定要明确是在面对地图时"上北、下南、左西、右

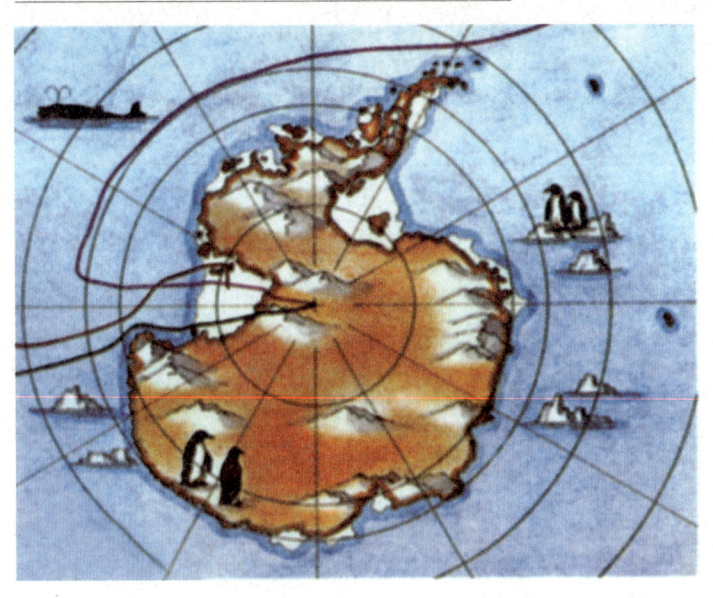

▼南极探险线路图，从图上的经纬线可以判断方向

东"。否则，东西方向就会出现错误的判断。这是一种最常用的方法。

利用指向标辨认方向，多在建筑用图、交通用图、旅游用图及等高线图上出现。图幅中指向标的上方为北，则这幅图可辨认为"上北、下南、左西、右东"。如果这幅图的指向标不是上方为北，孩子较难掌握。出现这种情况后，可先根据指向标定出所示方向，并在图幅上分别标出正北、正南、正东和正西，确定了东、南、西、北后，辨别图中道路、山脉、河流等的走向这一难点也就迎刃而解了。

根据经纬线判断方向是最准确的辨别方法。因为只有经线才是最准确地表示南北方向；也只有纬线才是最准确地表示东西方向。即使在经纬线画成圆弧形的地图上，也要遵循这一判断方向的方法。

1. 经线是由南北两极点向四周呈放射状的直线，但其指示南北方向的本质特点不变。沿经线指向北极为北方，指向南极为南方。因而，南北方向是有限的。所以，在同一条经线上，任意两点的相互方向，应是离北极较近的一点为北方，另一点则为南方。

如果站在北极点，那么你的前后、左右、四面八方都是南方。只有越过了"北极点"，便转变为南方。所以，若在北极点上盖一座房子，那房子的四面八方都是朝南的。南极的情况与此相对应。

2. 纬线与经线垂直相交，指示东西方向。纬线表示东西方向是绝对的，但在同一条纬线上任意两点之间的东西方向则是相对的。地球自西向东自转，也就是说，在同一条纬线上，凡是和地球自转方向一致的一方为东方，与地球自转方向相反的一方为西方。

3. 0°经线不是划分方向的分界线。所以，东经和西经不是表示方向的，而是为了确定各条经线纵向坐标位置的。决不能笼统地认为：凡是经度为东经的任何地点都是在经度为西经的任何地点东方。

但是，在东经范围以内，因经度的度数排列顺序是自西向东，由小而大，所以，经度数字小的地方应在经度数字大的地方的西边。反之，同理。总之，在东经或西经范围内的两地东西方向，可根据经度的大小来判断。

4. 如果两地分别位于东经和西经范围内，就不能用经度的大小来判断方向了。此种情况下两地之间的方向判断，应根据两地间最短距离的相对位置来确定东、西方向，不能用两地间的最长距离的相对位置来确定。例如，在世界政区平面图上，位于北纬40°、东经120°交点附近的天津，就应是在北纬40°、西经120°交

▲地理勘察员，正在录入山脉的数据

点附近的旧金山西边。如果不根据两地间最短距离来确定东西方向，又不顺应地球的自转方向来判断东西方向，就会出现太阳从西方出来的笑话。

5. 在经纬线画成圆弧形的地图上，判断方向，难度较大。对于整个地球上的东西方向而言，只能按照运动着的物体同地球自转方向的关系来确定，就是说，凡是顺着地球自转方向者为东，逆着地球自转方向者为西。但在南、北半球内，又表现出不同的特征。在北半球内，表现为逆时针方向者为东，顺时针方向者为西。而在南半球则完全相反，则顺时针方向者为东，逆时针方向者为西。

我们必须学会在常见地图上，能正确、熟练地辨别方向。建立起球面立体方位概念，明确其相互位置关系。方位，是地理上常用的术语，要求我们能正确理解与使用。勿用含糊不清的"上面""下面"等词来表述地面上的"北方""南方"。因为地面的"下"是指向地心，而"上"又是指向天空；"北"是指向北极，"南"是指向南极。

▲某草原航空摄像图，摄像图具有形象逼真的特点，与手绘地图有显著的区别

意境地图

在简单的纸笔测试中表现出的心理上的空间表达，这种地图反映人脑对地理环境的记忆能力和联想状况，也称印象地图、构想地图、心理感知地图或者空间图式、意识空

间、空间认知,均指个人对其生活圈内环境空间(配置和结构)的认识水平,有时也泛指一个民族或文化系统掌握的地理知识范围。

意境地图突出的特征是详近而略远。即图中心部分较为详实,图边远部分较为疏虚,反映作者具有的地理空间的圈层概念,也说明作者获得地理知识过程的发展序列。土著居民集生活经验而绘的地图大多属于意境地图。例如古代埃及人用彩笔描绘在纸、草、叶片上的金矿巷道,因纽特人在皮革上绘制的港湾地图等。

20世纪60年代末,西方一些人文地理学者不满于区位分析中所采用的绝对的完全理性空间行为假设,转而关注作为环境和行为间中介的知觉。例如,林克(Lynch,1960)对美国几个城市的居民所描绘的所在城市印象的分析。古尔德和怀特(Gould,1965;White,1974)曾经询问美国几所大学的新生在毕业后会选择什么地方居住,结果表明这些学生都把家乡作为首选地点,后续的研究表明学生迁移形态和他们所持有的意境地图之间存在显著相关。

意境地图是沟通地理学、认识论和心理学的一座桥梁,目前被广泛应用于空间概念的教学和智力测验,以了解地理概念教学的效果、旅游者的环境喜好等。其主要功能是:(1) 为他人指引道路;(2) 作为辅助记忆的工具;(3) 重现已知环境的空间位置、属性和影像;(4) 构成和存储地理知识,并且据以修正和扩充地理知识;(5) 反映联想或者虚拟的世界。

▼地理工作者,常年在野外工作

第二章
地理疆域与行政区划

我们伟大的祖国幅员辽阔,人口众多,山河壮丽,气候类型多样;物产富饶,有悠久的历史和灿烂的文化。学好中国地理,了解中国国情,是我们每个华夏儿女应具备的基本文化素质。本章就是从疆域和行政区划两方面来阐述,介绍了中国的范围、位置、邻国、临海,以及划分的 34 个省级行政单位。通过学习,大家应该记住中国的领土面积,在地图上指出中国的邻国和濒临的海洋,说明中国既是陆地大国,也是海洋大国。在中国政区图上准确找出 34 个省级行政区,记住它们的简称和行政中心。

中国的陆海疆域

中国的陆地疆域

中国的地理位置一般分海陆位置和经纬度位置。海陆位置,中国地处亚欧大陆的东南部,太平洋西岸,是一个海陆兼备国家。陆上疆界长达22,800多千米,与14个国家为邻。东邻朝鲜;南邻越南、老挝、缅甸;西南同印度、不丹、尼泊尔、巴基斯坦和阿富汗接界;东北毗邻俄罗斯;西北邻塔吉克斯坦、吉尔吉斯斯坦和哈萨克斯坦等国;北接蒙古。大陆海岸线北起中、朝交界的鸭绿江口,南至中、越交界的北仑河口,长约18,000千米。内海和近海有渤海、黄海、东海和南海,总面积470万平方千米。海上邻国东有日本,东南有菲律宾、印度尼西亚、文莱、马来西亚。东部沿海有广阔的大陆架。海上分布6500多个岛屿。大陆架蕴藏丰富的石油和天然气资源。浅海鱼类资源也极为丰富。大陆沿岸形成许多天然良港。这些对中国发展对外贸易,发展海洋经济以及巩固海防均有重要战略意义,现在已成为中国改革开放的前沿,是中国目前经济最繁荣的地带。中国西北内陆伸入亚洲腹地,从古至今一直是中国陆上和中亚、西亚、欧洲连接的桥梁。对中国古代经济发展,东西方政治、经济、文化交流起过巨大作用。

经纬度位置。中国纬度,南起北纬4°附近的曾母暗沙,北至北纬53°31′漠河以北的黑龙江主航道中心线。南北跨纬度约50°,直线距离约5500千米。自南而北分布有赤道带、热带、亚热带、暖温带、温带和寒温带等六个温度带,气候资源极为丰富,在世界各国中无与伦比。当中国北部黑龙江省还是冰雪覆盖的时候,南部的海南地区则已是一片葱绿的盛夏景象。经度,东起东经135°5′,即乌苏里江与黑龙江交汇处;西至东经73°40′,即新疆境内乌恰县的乌孜别里山口。东西相差61°多,直线距离约5200千米。时差4个多小时。当东方朝阳已升临大地的时候,西部仍是星斗满天。广大的幅员为中国的经济发展提供了广阔的空间场所。

中国的海上疆域

海洋的区位分布是全球海洋地缘政治格局的决定因素。同样,一个国家的海洋地理区位和自然环境状况对于国家海洋政策、战略的制定也是至关重要的。

▲中国南部的一个小海湾景象,这里深入内陆,风平浪静

华夏大地头枕喜马拉雅山，背靠世界上最大的欧亚大陆，脚踏世界最大的太平洋，东面和南面被太平洋的边缘海渤海、黄海、东海、南海所环抱。大陆海岸线绵延曲折，长达1.8万多千米，沿岸岛屿星罗棋布。另外，中国海域自然环境类型多样，海洋资源非常丰富。因此，海洋既是中国经济和社会发展的宝贵空间，也是中国走向世界的战略基地。

中国毗邻海域范围广，面积大，南北跨约38个纬度，东西跨24个经度。如按海域的自然边界计算，总面积470多万平方千米。

位于北边的渤海为中国的内海，为辽东半岛和山东半岛所环抱，东部以渤海海峡与黄海相通，面积约7.7万平方千米，平均水深18米。渤海周围主要有3个海湾，即北边的辽东湾、西边的渤海湾和南边的莱州湾。渤海是中国母亲河黄河的流入地，此外，海河、辽河、滦河的径流也注入渤海，河流带来的大量泥沙造就了大

▲中国东部一处海滨，可见海水对海岸的侵蚀

片肥沃的土地，也使得渤海的水深较浅，其水体主要通过庙岛群岛诸水道与外界进行交换。渤海的战略地位非常重要，旅顺、塘沽、秦皇岛等港是中国重要的国防基地。渤海上的重要岛屿有庙岛群岛、长兴岛、西中岛及菊花岛等。渤海还蕴藏着丰富的石油资源，如大港、胜利油田，以及近年新发现的绥中36-1油田和锦州20-2油气田。此外，渤海盛产对虾和黄鱼，是中国最大的渔场之一。同时沿岸地势平坦，光照充足，也是中国重要的海盐制造基地。

黄海北至鸭绿江口，西面以辽东半岛南端老铁山角与山东半岛蓬莱角的连线与渤海为界，南至长江口启东角与韩国济州岛南端的连线，东邻朝鲜半岛，面积约38万平方千米，其与渤海、东海相通，在东南面经济州海峡、朝鲜海峡也与日本海相通。由于黄海位于中朝韩共同大陆架之上，因而深度较小，平均水深44米。黄海周边主要有海州湾、胶州湾、西朝鲜湾和江华湾等海湾。注入黄海的主要河流是鸭绿江、淮河水系主流及来自朝鲜的大同江等。此外，黄海拥有丰富的生物资源，周边的港口岸线资源还尚待进一步开发，其沿岸海盐业早已蜚声国内外。

东海北接黄海，西连中国大陆东面以日本九州岛、琉球群岛、中国钓鱼岛、台湾岛与太平洋相隔，东北面以济州岛、五岛列岛与长崎半岛南端连线为界，并通过对马海峡与日本海相连，南面以福建东山岛南端与台湾南端鹅銮鼻连线与南海为界。东海海面开阔，

面积约77万平方千米，平均水深370米。东海海底的西北部分为中国的大陆架，其终止于冲绳海槽，而东南部分则为大陆坡和海槽，水深较大。东海较大的海湾不多，杭州湾为最大，此外还有温州湾、泉州湾和厦门湾等。流向东海的河流有长江、钱塘江、闽江、九龙江等。台湾岛及澎湖列岛、钓鱼岛和舟山群岛构成东海上的主要岛屿。值得一提的是，钓

▲风光宜人的南海景色

鱼岛位于台湾东北100海里的大陆架上，与日本的琉球群岛隔冲绳海槽，属两个不同的地理单元。钓鱼岛自古以来就属中国领土，尽管目前仍被日本所控制。东海不但蕴藏着丰富的油气资源，而且也拥有舟山渔场这样的海产品宝库。东海沿岸的港口贸易源远流长，是"海上丝绸之路"的起点，上海、宁波、广州、福州、泉州、厦门等港口饮誉全球。

风光最迷人、面积最大的还是南海。南海北接祖国大陆，西面以中南半岛和马来半岛与印度洋相隔，东边与太平洋隔有菲律宾群岛，南与印度洋以大巽他群岛为界，南海的面积和水深为环中国四海之最，面积约350万平方千米，渤、黄、东海加起来也不及南海一半大，其平均深度为1212米。南海最著名的海湾就是毗邻中越的北部湾和毗邻泰越的泰国湾。流入南海的重要河流除中国的珠江外，还有来自中南半岛的红河、湄公河及湄南河等。南海的岛、礁、滩、洲很多，属于岛的主要有海南岛、东沙群岛、西沙群岛、中沙群岛、南沙群岛及黄岩岛，曾母暗沙为中国疆界的最南端。南海蕴藏着丰富的海产品资源和油气资源，北部湾渔场早已闻名遐迩，随着近几年大油气田的相继发现，有人预言，南海将成为未来的"波斯湾"。正因为这样，一些国家便无视中国主权，蜂拥而上。目前，南沙群岛的大部分岛礁已被越南、菲律宾、马来西亚等国非法占据，南海海洋资源也遭到肆意掠夺。

▼露出海面的岛礁

中国的行政区划

三级行政区划

行政区是依据政治、经济、民族、人口、地理、历史及国防等多种因素，并便于国家分组管理而划分的分级管理系统。中国是一个历史悠久的大国，早在4000多年前的殷商时代就有了行政区划的萌芽，历经了各朝代的政区划分变化。中华人民共和国成立后，行政区划的性质和作用发生了根本性的变化。为了配合社会改革，恢复和发展经济，团结各族人民，巩固政权，国家对原有行政区划进行了一系列改革。

第五届全国人民代表大会第五次会议通过的我国第四部宪法第30条规定：

"中华人民共和国的行政区划划分如下：(1)全国分为省、自治区、直辖市；(2)省、自治区分为自治州、县、自治县、市；(3)县、自治县分为乡、民族乡、镇。

直辖市和较大的市分为区、县。自治州分为县、自治县、市。自治区、自治州、自治县都是民族自治地方。"

第31条又规定："国家在必要的时候设立特别行政区"。

根据宪法及有关法律、法规的规定，中国基本上实行省—县—乡三级制的行政区划体制。省与县之间的"地区"，县与乡之间的"区"属上级政府的派出机关，不作为一级政权机构。但在少数民族地区设有自治州或盟的自治区或省则为自治区(省)—自治州(盟)—自治县(县)—民族乡(乡、镇)四级。

中国的行政区域划分为34个省级行政区(23个省、5个自治区、4个直辖市、2个特别行政区)；333个地级行政区(7个地区、30个自治州、3个盟、293个地级市)；2844个县级行政区，其中971个市辖区。

▼内蒙古风光

中国现行省级行政区系列如下:

23个省:河北省、山西省、吉林省、辽宁省、黑龙江省、陕西省、甘肃省、青海省、山东省、福建省、浙江省、台湾省、河南省、湖北省、湖南省、江西省、江苏省、安徽省、广东省、海南省、四川省、贵州省、云南省。

4个直辖市:北京市、天津市、上海市、重庆市。

5个自治区:内蒙古自治区、新疆维吾尔自治区、宁夏回族自治区、广西壮族自治区、西藏自治区。

2个特别行政区:香港特别行政区、澳门特别行政区。

记忆中国省级行政区的口诀

两湖两广两河山，五江云贵福吉安；

四西二宁青甘陕，琼渝内台北上天。

还有香港与澳门，两个特别行政区。

第一句指湖南、湖北、广东、广西、河南、河北、山东、山西。

第二句指江苏、江西、浙江、黑龙江、新疆、（谐音）、云南、贵州、福建、吉林、安徽。

▼中国贵州农民在制作泡菜

第三句指四川、西藏、宁夏、辽宁、青海、甘肃、陕西。

第四句指海南、重庆、内蒙古、台湾、北京、上海、天津。

最后两句指香港和澳门特别行政区。

省级行政单位简称的由来

中国省级行政单位简称的由来不外乎以下几种，而且这几种由来均属于历史沿革、约定俗成，一般不好再变更了。

（一）取用全名中的一个字或几个字。除内蒙古自治区的简称是取用全名中的头三个字外，其余均取用一个字。取用全名第一个字的省级行政单位有：辽（辽宁省）、吉（吉林省）、黑（黑龙江省）、浙（浙江省）、青（青海省）、宁（宁夏回族自治区）、新（新疆维吾尔自治区）、台（台湾省）、甘（甘肃省）、陕（陕西省）、云（云南省）、贵（贵州省）、澳

（澳门，1999年12月20日，中国政府恢复行使主权）。取用全名第二个字的有6个省级行政单位：京(北京市)、津(天津市)、苏(江苏省)、川(四川省)、藏(西藏自治区)、港(香港特别行政区)。

（二）用本省著名的山水作简称。如闽(福建省境内最大的河流是闽江)、赣(江西省最大的河流是赣江)、湘(湖南省最大的河流是湘江)、粤(广东省最大的河流是珠江，又名粤江)、桂(广西有名的桂江是西江的支流)、青(青海省境内最大的湖泊是青海湖，它也是中国最大的咸水湖)、皖(安徽境内的霍山旧名皖山)。

▲山西一个乡镇街头景象

（三）用本省市的历史名称作简称。

河北、河南、重庆、海南曾是古代的冀州、豫州、渝州、琼州，故简称为冀、豫、渝、琼。

湖北、贵州、甘肃为古代的鄂州、黔地、陇右，故简称为鄂、黔、陇。

四川和云南是古代的蜀国和滇国，简称又有蜀、滇。四川简称"川"，是源自元朝时期设立"川陕四路"而得名，而并非由四川境内有四条河流得名。云南简称滇亦说省内有著名的断层湖滇池而得名。

山东和山西在春秋时为鲁国、晋国所在地，故简称为鲁和晋。陕西也是春秋战国时期秦国的地盘，故又简称为秦。

现在中国省级行政单位只有5个有两个简称，即四川（川或蜀）、贵州（贵或黔）、云南（云或滇）、陕西（陕或秦）、甘（甘或陇）。

山东、河北在中国古代曾是齐国、燕国所在地，故曾称齐、燕。上海曾是战国时代楚国所封春申君黄歇领地的一部分，所以曾称为"申"。晋朝时，吴淞江一带渔业发达，当时劳动人民创造制作了一种捕鱼工具——扈。它是用竹子编成的，插入水中，潮水来时没掉，潮退后露出，渔民用以捕鱼。这样，松江下游一段就别称"扈渎"。后来，"扈"改为沪。这就是上海至今简称为沪的由来。

第三章
人口与民族

中国是世界上人口最多的国家。中国人口的空间分布是东南多，西北少。中国共有 56 个民族，是一个统一的多民族社会主义国家。其中汉族人口最多，占 92%，其他 55 个民族被称为少数民族。民族分布特点：大杂居、小聚居。各民族的地区分布状况：汉族的分布遍及全国，主要集中在东部和中部；少数民族多分布在西南、西北和东北等边疆地区。云南省是中国少数民族最多的省份。民族政策：中国实行平等、团结、互助、和谐的民族政策，各民族不论大小，一律平等。国家尊重少数民族的文化、风俗习惯、宗教信仰等，在少数民族聚居的地区实行民族区域自治（如自治区、自治州、自治县、民族乡等）的政策。国家根据各少数民族的特点和需要，帮助各少数民族加快发展本地区的经济、文化和各项社会事业。

中国的人口

人口数量

中国有文字记载的历史长达 5000 年，是人类文明最重要的发祥地之一。在从古代到现代的绝大多数时间内，中国一直是世界第一人口大国，占世界总人口的比重始终保持在四分之一左右。公元初年（西汉），中国人口约为 6000 万，12 世纪初（北宋）超过 1 亿，18 世纪至 19 世纪初（清朝）又连续突破 2 亿、3 亿和 4 亿大关，到 1949 年新中国成立时，已达到 5.4 亿（仅包括大陆各省、市、区，下同）。但在这漫长的历史时期中，中国人口的增长速度并不快，年均仅为 1.1‰，其基本原因就在于受生产力水平所限，人口的高出生率在很大程度上被高死亡率抵消。

新中国成立后，社会经济环境发生了天翻地覆的巨大变化，死亡率大幅度下降，致使人口增长达到了前所未见的高速度。其中在 1973 年以前，由于生育失控，年均递增率高达 21.0‰。此后由于计划生育工作的蓬勃开展，增长率显著下降：1973～1990 年间为年均 14.7‰，1990～1995 年间已降至 11.6‰。虽然计划生育工作取得了举世瞩目的伟大成绩，累计少生了 3 亿多人，但中国人口总数还是在 1995 年突破了 12 亿，比 1949 年净增 6.7 亿，这一数字竟相当于美、俄、日、德、英五大国 1995 年的人口总和。

▲这是高黎贡山南段腾冲境内和顺古镇上的一个集市，这里虽为少数民族聚居地，但人口也不少

中国历代人口知多少

时期	年份	人口
夏禹时期		1355 万人
秦朝	公元前 221 年	2000 万人
西汉	公元前 206 年	3000 万人
西汉	公元 23 年	5960 万人
西晋	281 年	1616 万人
隋朝	606 年	4601 万人
唐朝	755 年	5300 万人
北宋	1006 年	1628 万人
北宋	1080 年	3300 万人
南宋	1223 年	7681 万人
元朝	1294 年	5684 万人
明朝	1405 年	6659 万人
明朝	1578 年	6069 万人
清朝	1741 年	14,341 万人
清朝	1791 年	30,000 万人
清朝	1812 年	33,371 万人
清朝	1842 年	41,345 万人
中华民国	1912 年	40,581 万人
中华民国	1937 年	45,000 万人
中华人民共和国成立后	1949 年	54,877 万人
中华人民共和国成立后	1953 年	60,194 万人
中华人民共和国成立后	1964 年	72,307 万人
中华人民共和国成立后	1979 年	97,523 万人
中华人民共和国成立后	1984 年	103604 万人
中华人民共和国成立后	1989 年 4 月 14 日	突破 11 亿人
中华人民共和国成立后	2001 年 11 月 1 日	12.6 亿人
中华人民共和国成立后	2010 年 11 月 1 日	13.4 亿人
中华人民共和国成立后	2021 年 5 月 11 日	14.1 亿人

▲中国一沿海城市鸟瞰图，中国沿海城市人口相对集中

中国人口增长

新中国人口发展历程可以划分为二高（高潮期）一低（低谷期）一下降四个阶段。

第1次人口增长高潮是国民经济恢复和首个五年计划时期(1953—1957年)。人口出生率在30‰以上，平均每年净增1311万人。主要原因是解放后人民生活温饱而安定，受"多子多福"的传统生育观影响。

1958—1961年，是新中国人口发展的低谷期，由于"大跃进""人民公社"等政策的失误和自然灾害影响，人民生活困难，出生率18.02‰。而死亡率却开始回升，1960年高达25.43‰，人口年平均增长率为4.6‰。

1962—1973年在中国产生了长达12年之久的第2个生育高潮。人口从6.7亿增到8.9亿，人口自然增长率年平均达到25.6‰，1962—1965年的出生高峰是对三年困难时期人口下降的补偿，而1966—1973年人口增长高潮则是"文化大革命"十年动乱人口失控的必然恶果。

1973年以后，明确计划生育是中国必须长期坚持的基本国策。人口自然增长率进入下降时期，1974—1984年的10年中，年平均人口自然增长率为13.69‰。

中国人口增长具有强大的惯性。中国控制人口的长期性和艰巨性，在很大程度上与中国历史上的人口增长所造成的惯性有关。

中国人口分布

中国是世界上人口密度较大的国家之一。国土面积占世界陆地面积的7%，却居住着世界22%的人口。据1990年全国人口普查，中国人口密度高达118人/km^2，约为世界平均人口密度的3倍。2000年全国人口普查时，人口密度增长到132人/km^2。

人口的地域分布极不均衡，表现为东南部人口稠密集中，而西北部人口稀少分散。如果从东北黑龙江的黑河市，向西南云南腾冲县作一直线（胡焕庸线），可将中国人口分布分为东南和西北两部分。中国人口密度最大的几个省级行政区——山东、河南、江苏、四川、重庆。

海外华人知多少

中国是一个历史悠久，有着光辉灿烂文明的古国，中国人以其勤劳、智慧著称于世，几千年来，他们创造了无数令世人惊叹的奇迹,同时也把传统的中国文化传播到世界各地。如今，全球各国都可觅到黄皮肤、黑头发的华人踪迹，大约有三千八百万华人遍布除中国以外的世界上136个国家和地区。

早在几千年前，中国人就开始向其他亚洲国家移民，特别是东南亚。19世纪末20世纪初，更多的中国人开始向世界各国移民。最初的移民主要是华商，以经商及手工制作为主，多为男性，这种移民形式在1850年以前在华人向海外迁移中一直占主导地位。有文字记载的最早一批华商移民发生在秦朝年间（公元前221—前207年）。其次为华工，又称苦力，被运往北美及澳大利亚，大部分以开采金矿及修建铁路为主。马克思在一篇著作中写到"每一根枕木下都躺着一具华人的尸体"，即为当初华工辛酸史的真实写照。华工

▲最早第一代华人到美国创业谋生的是广东人，1807年，广东籍商人到达美国，将中国的丝绸、陶瓷、海味、烟草等产品销往美国，旧金山的发展和辉煌与华人息息相关

在合同期满后，幸存的大部分回到祖国，少数滞留海外。华侨和华裔（有华人血统的子女）也是海外华人的一个组成部分。1911年帝制废除后，许多受过良好教育的人士纷纷背井离乡，踏上异国土地，他们或是寻求真理，或是逃避迫害，其中大多数以教授华人子女中国文化为主，因为中国传统文化被认为是与生命不可分割的一体。这种文人迁移自20年代至50年代一直在移民形式中占主导地位。尽管海外华人移民形式多样，但华商是最主要的，也是历史最悠久的。如今，世界各地华人仍以经商者居多，且不乏成功之士。

有关资料显示，20世纪50年代，全球海外华人约870万，60年代增至1530万，70年代达1930万，80年代为2460万，90年代已逾3700万。

分布在全球136个国家和地区的3700万华人中大约有88%（3200万）居住在32个亚洲国家，9%居住在32个美洲国家，2%居住在25个欧洲国家，1%居住在14个大洋洲国家，不到1%的华人居住在33个非洲国家。东南亚仍是华人居住的主要地区。

近几年来，发达国家的华人死亡率和发展中国家相差无几，其生育率亦然，甚至更低。因此，海外华人的人口数量变化受国际移民政策的影响比之单纯的受人口生育率及死亡率的影响要大得多。

历史发展到今天，国际性移民越来越受到移出国和接受国双方的严格控制。如今，澳大利亚、加拿大、美国及日本是主要移民对象，近几年来，"出国热"一浪高过一浪，越来越多的年轻人热衷于"洋插队"，较之前几年，无论是移出国还是接受国都控制得更严格了。

▼澳大利亚华人在悉尼歌剧院前进行舞狮表演

无论海外华人的数量是如何地变化，他们在世界人类发展、经济繁荣及文化交流等方面所作的贡献是不可磨灭的，尤其是让世界认识中国，让世界了解中国，海外华人起到了巨大的、积极的作用，有着非同寻常的意义。

中国的民族

五十六个民族

"五十六个民族,五十六朵花,五十六个兄弟姐妹是一家……"在中国960万平方千米的土地上,生活着56个民族,他们共同组成了中华民族大家庭。

早在远古时代,中国各族人民就劳动、生息在中国这片土地上。他们共同开拓了辽阔的疆域,发展了繁荣的经济,创造了灿烂的文化。在长期的历史发展过程中,各族人民相互之间有着密切的经济和文化交流,形成了不可分离的血肉关系,结合成为伟大的中华民族,创立了一个统一的多民族的国家。在中国56个民族之中,以汉族人口最多,约占全国人口总数的91.96%。

习惯上,人们把汉族以外的兄弟民族称为少数民族。少数民族之间,人口数量相差极其悬殊。据1990年第四次全国人口普查统计,人口超过100万的少数民族达18个,其中壮族人口最多,达1500多万人,往后依次为满、回、苗、维吾尔、彝、土家、蒙古、藏、布依、侗、瑶、朝鲜、白、哈尼、哈萨克、黎、傣等17个民族。

1990年第四次人口普查时,少数民族总人口为9120万,占全国8.0%。其中人数最多的壮族达1549万人,占全国总人口1.37%,其余各民族按人口规模可分以下几级:

500～1000万,包括(按人口数由多向少排列,下同)满、回、苗、维吾尔、彝、土家等6个民族,人口合计占全国4.00%。

100～500万,包括蒙古、藏、布依、侗、瑶、朝鲜、白、哈尼、哈萨克、黎、傣等11个民族,人口合计占全国2.17%。

10～100万,包括畲、傈僳、

▼三江并流地区的少数民族居民

▼藏民在晒草

仫佬、拉祜、东乡、佤、水、纳西、羌、土、锡伯、仫佬、柯尔克孜、达斡尔、景颇等15个民族，人口合计占全国0.40%。

1～10万，包括撒拉、布朗、毛南、塔吉克、普米、阿昌、怒、鄂温克、京、基诺、德昂、乌孜别克、俄罗斯、裕固、保安等15个民族，人口合计占全国0.04%。

1万以下，包括门巴、鄂伦春、独龙、塔塔尔、赫哲、高山、珞巴等7个民族，其中人数最少的珞巴族仅2312人。

此外，还有一些迄今未正式识别的民族，其人数共74.9万人，占全国0.066%。

民族的分布

少数民族占全国总人口的比重虽然不大，但地理分布范围很广，1995年仅民族自治地方（5个省级、78个地级、641个县级）的总面积即达616.4万平方公里，占全国总面积的64.2%。这些民族自治地方计有人口16,068万人，其中少

▲五十六个民族

数民族为7232万，大约占全国少数民族总人口四分之三，其余四分之一则散居于汉族地区。

与过去相比，少数民族在地理分布上有日益广泛的趋势，这一点从全国各省、市、区民族个数的显著增加上得到清楚的反映。如1982—1990年间，江苏省和浙江省的民族数都增加了14个，山东省增加了15个，其他如河北、湖南、天津、河南等也增加了10个以上，北京市成了全国第一个民族个数齐全的一级行政区。这说明，随着经济、文化和人口迁移的发展，少数民族正从以往僻处边陲的状态更多地走向全国，从而提高了各民族之间的混合度，这无疑将有利于增强国家的经济和人口的活力。

但尽管如此，少数民族在地理分布上仍是很不平衡的，这从各省、市、区总人口中少数民族所占比重的悬殊差异上可以看得很清楚（这种差异比过去确有一定程度的缩小）。根据这一差异，可把全国各省、市、区划分为4种类型。

（1）少数民族比重不足1%，基本属于纯汉族聚居区。包括（按该比重由小到大排列，下同）江苏、江西、山西、上海、陕西、浙江、广东、安徽和山东等9个省、市、区，它们多分布于东南沿海地区。

（2）少数民族比重为1%～10%，包括河南、福建、天津、北京、河北、湖北、四川、黑龙江、湖南、甘肃等10个省、市、区，它们一般仍属汉族聚居区，但都有大小不等的少数民族占优势的局部地区。

(3) 少数民族占 10%～45%，包括吉林、辽宁、海南、内蒙古、宁夏、云南、贵州、广西、青海等9个省、区。

(4) 少数民族占60%以上，包括新疆和西藏。

中国各民族分布非常明显的特点是，人口最多的汉族主要集中在东部和中部。少数民族虽然相对人口较少，但是居住地区广阔，主要聚居在内蒙古、新疆、西藏、广西、宁夏5个自治区和一些省的部分地区。

▲属于农耕民族的白族非常讲究居住条件

以内蒙古为主要聚居地的少数民族是蒙古族，新疆是维吾尔族等，西藏是藏族，广西是壮族，宁夏是回族。云南、贵州、青海、甘肃、吉林、四川等省少数民族聚居地区的面积较大。其中，云南省的少数民族数量最多。以云南省为主要聚居地的少数民族，如白、哈尼、傣等族就达15个；如果加上不是主要聚居，但又世代居住在这里的民族，如藏、壮等族，数量达到20多个。黑龙江、辽宁、广东、湖南、湖北、浙江、福建、海南、台湾等省少数民族聚居地的面积相对较小。总的说来，中国少数民族主要分布边疆地区，从东北内蒙古到新疆、西藏，再到云、贵、川、两广、海南和台湾省，大体上呈"U"字形分布。其主要部分在中国西部地区，重心在西北和西南。所以，

▼高黎贡山美丽的景色，这里居住着傈僳族、苗族等少数民族

中国东部人口稠密、西部人烟稀少的人口分布，是与中国的民族分布密切相关的。

中国幅员辽阔，陆上疆界长达2.1万千米，同朝鲜、俄罗斯、蒙古、越南等10多个国家接壤。中国聚居边疆地区的少数民族，有30多个与境外同一民族相邻而居。这些民族是，朝鲜、赫哲、鄂温克、蒙古、回、维吾尔、哈萨克、乌孜别克、柯尔克孜、塔吉克、塔塔尔、俄罗斯、藏、门巴、珞巴、仡佬、水、壮、傣、布依、苗、瑶、彝、哈尼、拉祜、傈僳、景颇、阿昌、怒、独龙、佤、德昂、布朗、京族等。许多在国界线两侧的同一民族往来密切，进出频繁，包括探亲访友、通婚、互市、朝庙拜佛、节日聚会，甚至过境耕种放牧。中国在改革开放后，少数民族地区与邻国的边境贸易迅速发展起来。

中国少数民族多分布在边疆，担负着保卫边疆和建设边疆的双重任务。少数民族地区在政治上、国防上、经济上和对外关系上都占有非常重要的地位。

我们说少数民族主要聚居边疆地区，并把那里称为少数民族地区。但是，少数民族主要聚居区的居民并非全是少数民族，还杂居着很多汉族人口。在少数民族聚居地区，少数民族大都是与汉族杂居或交错聚居。据1990年全国人口普查，在内蒙古、广西、宁夏3个自治区，汉族人口都超过少数民族人口。在新疆维吾尔自治区，汉族人口虽未超过少数民族人口，但也接近全区人口的40%。而且，在少数民族聚居区，也不是当地主要少数民族仅与汉族杂居，还与其他一些少数民族杂居。如新疆维吾尔自治区，除维吾尔族和汉族

▼生活在横断山脉地区的怒族儿童

外，还有十几个少数民族杂居其中。云南省更是多民族交错杂居，全省共有20多个民族。西藏自治区民族成份较少，但仍有汉、回、门巴、珞巴等族与藏族杂居。同样，在汉族集中地区也杂居着许多少数民族人口，例如上海市虽以汉族为主，但是也有37个少数民族的居民。就全国而言，中国几乎没有一个市或县的居民是单一民族的。所以，中国各民族分布的显著特点是以汉族为主体的各民族大杂居、小聚居。

中国这种大杂居、小聚居的民族分布状况，是在各民族几千年不断交往的历史中形成的。这种民族分布有利于各民族间的交往学习，有利于各民族的共同发展和繁荣。

各民族共同发展繁荣

建国初，中国少数民族地区的经济还处于相当落后的状态。例如，赫哲族、鄂伦春族、鄂温克族等，一直是比较原始的渔猎经济。独龙族、珞巴族、怒族、傈僳族、佤族和部分山区的苗族、瑶族等，虽然是农业经济，但是耕作方法仍然是原始落后的刀耕火种、广种

▲深山峡谷中的少数民族人民过着与世无争的宁静生活

薄收,还必须靠渔猎和采集来作为农业的补充。许多少数民族地区的手工业还没有从农业中分化出来,要依靠汉族地区输入铁制农具。

为实现各民族的共同发展和繁荣,党和政府把发展少数民族的经济文化建设作为一项根本性的方针加以实行。一方面鼓励和引导少数民族充分发挥自身活力和自我发展能力,在国家的帮助下,加速发展本民族地区的经济文化建设。另一方面,国家在财政、人力、物力上大力帮助少数民族和民族地区。设立"支援经济不发达地区发展资金""少数民族地区补助费""财政定额补贴"等多项专用资金,帮助他们发展。从1952年到1988年,中央给西藏自治区的财政补贴是159.7亿元。从1980年到1986年,国家给内蒙古、新疆、西藏、宁夏、广西5个自治区和云南、贵州、青海3个少数民族聚居省的定额补助达420多亿元。国家政策促进了少数民族地区的经济建设。

▼湘西的许多苗族、土家族妇女以捕鱼为生,他们迄今为止仍用传统的方式在沱江上捕捞鱼虾

40余年来,中国少数民族地区的农牧业生产水平迅速提高。铁质农具很快代替了木质农具,旱地变成水田,荒坡开

垦成梯田，深山和荒原出现了拖拉机。许多原来游牧不定的牧民实现了定居放牧，开辟了饲料和粮食生产基地。中国民族自治地方的粮食产量，在建国初的1952年为1582万吨，1990年达到5373万吨，为1952年的约3.4倍。各民族自治地方在1952年的牲畜总头数是7606万头，1990年达到22,313万头，大约为1952年的3倍。各民族自治地方1952年的农业总产值是46.5亿元，1990年达475.2亿元，为1952年的10.78倍。

少数民族地区的工业从无到有，取得惊人的发展。那里不仅建立了一大批中小型企业，而且建立了一批大型工矿企业，如新疆的克拉玛依油田、内蒙古的包头钢铁公司、四川攀枝花钢铁公司等。解放前没有钢生产、基本没有生铁生产的少数民族地区，1990年的钢和生铁产量分别为368.3万吨和417万吨。各民族自治地方的工业总产值，在建国初年的1952年是11.4亿元，1990年达到815亿元，不到40年中增长了63倍多。

在交通运输方面，少数民族地区有了极大的变化。各民族自治地方公路通车里程，在1990年达29.2万千米，是1952年的11.27倍，少数民族地区的县（旗）基本都通了汽车。1990年，铁路通车已达13,064千米，除拉萨外，各自治区的首府都通了火车。民用航空已通航到各自治区首府和一些自治州。

少数民族地区的文化、教育、科学、卫生、体育等事业，也有迅速的发展。仅以少数民族大、中、小学在校学生为例，1952年全国高等院校少数民族学生只有1285人，1990年达到13.67万人，40年间增长了106倍；1952年全国普通中学少数民族学生9.2万人，1990年达312.81万人，不到40年增长33倍；1952年全国小学少数民族学生147.2万人，

▼哈尼族人在田间劳作，哈尼人的梯田好比一幅美丽的油画

1990年达1069.52万人，不到40年增长了6倍多。

40余年来，在国家的大力帮助和各族人民的共同努力下，少数民族地区发生了翻天覆地的变化。但是由于历史和地理的原因，中国西部地区与东部，特别是沿海发达地区相比，差距还是很大的。

少数民族地区地域辽阔，资源丰富，占有地大物博的优势。而汉族地区特别是沿海发达地区，则具有经济、技术和人才的相对优势。这两大地区的相互交流，不仅是两大地区发展的取长补短，而且是各族共同发展和繁荣之路。当然，要做到两大地区之间大规模的交流，由于种种条件的限制，还不是一朝一夕所能实现的。

根据中国第八个五年计划和国民经济和社会发展十年规划，国家将继续对民族地区给予财力、物力和技术力量的支持，并将安排一批矿山、水利、交通和工业项目，以带动当地的经济发展。"八五"计划和十年规划要求，经济发达的沿海省、市应当分别同经济不发达的省、区签订协议或合同，采取经验介绍、技术转让、人才交流、资金和物资支持等多种形式，在互利的基础上帮助经济不发达的地区加快经济发展。经济不发达地区要大力发展农、林、牧业，建设公路、电力、水利等基础设施和一些加工工业项目，增强自力更生的能力，使生产和生活条件逐步得到改善。

在未来的五年和十年中，少数民族地区的经济文化将会有长足的发展。经过全国各族人民的共同努力，各民族共同发展和繁荣的目标，最终是会实现的。

中国少数民族族名的由来

中国55个少数民族族名的来源，大致有以下几种情况。

1. 来源于历史或民间传说。

如柯尔克孜族，"柯尔"是"四十"，"克孜"是"姑娘"的意思，合起来是"四十个姑娘"。传说柯尔克孜族是由四十个汉族姑娘和乌斯人繁衍而成的。拉祜族"拉"是"老虎"的意思，"祜"意为烤肉，合起来就是烤虎肉的意思。这和古代拉祜族善于猎虎烘烤虎肉有关系。"哈萨克"意为"白天鹅"。传说古代有一只白天鹅化为美丽的姑娘，和一位有赛马冠军称号的勇士结婚。从此哈萨克族人繁衍生息，兴旺发达起来了。

2. 因自然环境和居住地域而得名。

如侗族居住在湘、黔、桂边境，因史料中多称这些地区为"峒"或"溪洞"，久而久之，"仰"或"洞"演变成侗族的专称了。"鄂温克"意思是"生活在高山密林中的人"。另外，黎族因居住的地方

▼普米族自称"培米"，意为"百人"，妇女们十分喜欢用竹管就着酒坛吸饮

▲思茅地区的哈尼族居民在山坡上修筑梯田，种植农作物

称为"黎田山"而得名。藏族得名于地名乌斯藏。水族因居住在临水之地而得名。东乡族、保安族、珞巴族、布朗族、门巴族、毛南族等，均由他们居住地的地名而得族名。

3. 族名和历史上的政治原因有关。

如塔塔尔族，蒙古西征时，中亚人和欧洲人曾把蒙古民族称作塔塔尔鞑靼，当时喀山汗国的统治者，利用群众对蒙古人的恐惧心理，便把自己说成是蒙古族的后裔，自称为塔塔尔人。乌孜别克原为金帐汗国的一个汗的名字，由于这个汗治理有方，国富民强，后来便把这一地区居住的人统称为乌孜别克人。维吾尔族，相传西部突厥人的始祖乌古斯可汗因信仰不同，经常和他的兄弟发生矛盾，后来在兄弟和睦的团结会上，乌古斯可汗赐予和他联合的部族以"维吾尔"（意为"团结联合"）的称号，以后相袭沿用，遂成族名。

4. 族名来源于早期部落经济、文化生活的某些特点。

如瑶族，居住山中的瑶族人民向统治者服徭役而被称为"瑶"。"鄂伦春"意思是"驯鹿的人"，居住在兴安岭过着狩猎生活而得名。"达斡尔"意思是"耕耘者"。"畲族"，意思是"住在山里的人"。羌族的"羌"字，意思是"牧羊的人"。锡伯族的"锡伯"是古代"鲜卑"一词的音转，其意为"带钩"，与锡伯族人民喜欢使用一种兽形带钩有关。土家族，是"本地人"的意思。彝族以黑色为贵，自称"尼苏"，意为黑人或黑族。白族以白为喜，自称"白尼"，意为白人。

5. 族名沿用某个部落的称谓。

蒙古族原是众多部落中的一个部落的名称。这个部落的首领成吉思汗被推戴为全蒙古的汗以后，所有部落统称蒙古人。苗族、塔吉克族、纳西族等民族的族名都有类似蒙古族名的来历。

人民币上的少数民族

中国人民银行1980年发行的新版人民币，1角至10元的正面分别为两个少数民族人物像。1角左侧为高山族，右侧为满族，高山族人口0.3万（以下人口数均为1990年人口普查数），主要分布在台湾、福建；满族人口982万，主要分布在黑龙江、吉林、辽宁、河北、北京。

▲苗族少女在高黎贡山上唱歌跳舞

2角左侧为布依族，右侧为朝鲜族，布依族人口255万，主要分布在贵州；朝鲜族人口192万，主要分布在黑龙江、吉林、辽宁。

5角左侧为苗族，右侧为壮族。苗族人口740万，主要分布在贵州、云南、湖南、广西、四川；壮族人口1549万，主要分布在广西、云南。

1元左侧为瑶族，右侧为侗族。瑶族人口213万，主要分布在湖南、广西；侗族人口251万，主要分布在贵州、湖南、广西。

2元左侧为彝族，右侧为维吾尔族。彝族人口657万，主要分布在四川、云南；维吾尔族人口721万，主要分布在新疆、湖南。

5元左侧为回族，右侧为藏族。回族人口860万，主要分布在宁夏、甘肃、河南、新疆、青海、云南、河北、辽宁、北京、内蒙古、天津、陕西；藏族人口459万，主要分布在西藏、四川、青海、甘肃、云南。

10元左侧为蒙古族，右侧为汉族，蒙古族人口481万，主要分布在内蒙古、新疆、吉林、黑龙江、青海。

▼初升的太阳映照着蒙古族妇女脸上的纯真笑容，有如白云般安详纯净

第四章
地貌、地形

陆地表面各种各样的形态,总称地形。按其形态可分为山地、高原、平原、丘陵和盆地五种类型。地形是内力和外力共同作用的效果,它时刻在变化着。此外,还有受外力作用而形成的河流、三角洲、瀑布、湖泊、沙漠等。中国地形的主要特征有三个:一是地形多种多样。在中国辽阔的大地上,有雄伟的高原、起伏的山岭、广阔的平原、低缓的丘陵,还有四周群山环抱、中间低平的大小盆地。陆地上的5种基本地形类型,中国均有分布。二是山区面积广大。中国山区面积占全国总面积的2/3,这是中国地形的又一显著特征。三是地势西高东低,呈阶梯状分布。地势是地表高低起伏的总趋势。中国地势西高东低,大致呈阶梯状分布。

地球的表面形态

▲黄土高原千沟万壑的地表形态是由于流水的侵蚀作用形成的，原因是黄土高原地表植被较少，加之土质疏松、夏天多暴雨

地壳和宇宙间一切物质一样，处在不停的运动变化之中。那么地表千姿百态的形态是如何营造的呢？对于地表形态，通常有两种理解。其一是从宏观形态上理解的地形，如高原、盆地等，是内力和外力综合作用的结果；其二是从微观成因上理解的地貌，如流水地貌、风沙地貌等，主要是由外力作用形成的。全国自然科学名词审定委员会将地形和地貌合为地貌（也称地形）。

导致地表形态发生变化的力量主要来自两个方面，一是内力作用，二是外力作用。内力作用的能量主要来自地球内部，它表现为地壳运动、岩浆活动、地震等；外力作用的能量主要来自地球外部的太阳能，它能造成地壳表层物质的破坏、搬运和堆积。今天我们所看到的各种地表形态，如山脉、丘陵、高原、盆地、平原等，都是内力与外力共同作用的结果。

内力作用与地表形态
（一）板块运动与宏观地形

坚硬的地壳并不是"铁板一块"，位于地表以下70～100千米厚的岩石层也不像蛋壳那样完整。无论是在大洋底下或大陆底下的岩层，原来都是由一块块大板块构成的。在这些大板块之间不是大洋中脊的裂口，就是几千米深的海沟或者是巨大的断层。

968年，法国地质学家勒皮顺把地球的岩石层划分为六个大板块，即太平洋板块、亚欧板块、美洲板块、印度洋板块、非洲板块和南极洲板块。其中，除了太平洋板块全部浸没在海洋底部外，其他五个板块上，既有大陆也有海洋。随着研究的深入，有人在这些大板块中又分出一些较小的板块，例如，把美洲板块分为北美洲板块和南美洲板块；从太平洋板块中分出东太平洋板块；从亚欧板块中分出以中国大陆为主体的东亚板块；等等。

▼高山冰川向下运动时，把地表物质刨掉并带走，下降到一定高度时，冰川融化，因此携带的大小石块被散落到原地，形成了图中的景观

所有这些板块，都漂浮在具有流动性的地幔软流层之上。随着软流层的运动，各个板块也会发生相应的水平运动。据地质学家估计，大板块每年可以移动1～6厘米距离。这个速度虽然很小，但经过亿万年后，地球的海陆面貌就会发生巨大的变化：当两个板块逐渐分离时，在分离处即可出现新的凹地和海洋；大西洋和东非大裂谷就是在两块大板块发生分离时形成的。喜马拉雅山，就是三千多万年前由南面的印度板块和北面的亚欧板块发生碰撞挤压而形成的。有时还会出现另一种情况：当两个坚硬的板块发生碰撞时，接触部分的岩层还没来得及发生弯曲变形，其中有一个板块已经深深地插入另一个板块的底部。由于碰撞的力量很大，插入部位很深，以至把原来板块上的老岩层一直带到高温地幔中，最后被熔化了。而在板块向地壳深处插入的部位，即形成了很深的海沟。西太平洋海底的一些大海沟就是这样形成的。

▲埃塞俄比亚大裂缝，目前此裂缝在不断地扩大中，一百万年后，非洲之角将会成为新大洲——东非洲

板块构造学说诞生后，已成功地解释了一些大地构造现象。同时，仍存在一些尚不能圆满解释的问题，有些推论也未得到最后的证实。但这些都不会影响这一学说的发展，相反会对它起推进作用。因此，板块构造学说是近几十年解释大地构造运动和海陆分布规律较为盛行的一种学说。板块运动是内力作用的重要表现之一。

▲喜马拉雅山，就是三千多万年前由南面的印度板块和北面的亚欧板块发生碰撞挤压而形成的

（二）地质构造与地表形态

在山区河谷或公路两侧的裸露岩壁上，经常可以看到地层倾斜、弯曲，甚至是断裂的情形。这些由地壳运动留下的痕迹，叫地质构造。从地质构造与地形的关系中，可以清晰地看到地质构造对地形的形成和发育的影响。

强烈碰撞和水平挤压，可以使沉积岩发生弯曲，形成褶皱。褶皱是常见的地质构造之一，它有两种基本形态。一般来说，中间向上隆起的叫背斜，中间向下凹陷的叫向斜。

世界上的许多高大山脉，都是由褶皱作用形成的褶皱山脉。

向斜地区的岩石在褶皱作用下被挤压，比较坚硬。抗侵蚀能力较强。在野外，我们常能看到一些在向斜构造上发育的山地。

断层是另一种常见的地质构造。岩层受力达到一定的强度，发生断裂，两侧的岩层沿断裂面产生显著的位移，称为断层。

在断层中两侧陷落，中间突起的部分叫地垒。在地垒的基础上常发育成陡峻的山峰，如华山西峰、峨眉山万佛顶等。

中间部分相对下沉的断层，形成地堑构造。在地堑上常有许多典型的构造盆地或谷地，如吐鲁番盆地、渭河谷地等。

（三）火山、地震活动和地表形态

火山喷发和地震都是地球内部能量的剧烈释放形式。岩浆喷出地表即为火山喷发。其熔岩物质的堆积常常形成火山锥、火山口等多种火山地貌。

大地由于构造运动而快速震动称为地震，其结果往往造成地壳断裂和错动。对于自然地理环境和人类生产生活，火山喷发和地震都具有重大影响。

▲基拉伟厄火山大爆发

外力作用和地表形态

（一）外力作用

我们平时所看到的地表形态，并不是内力作用下地表形态的"本来面貌"，因为地表每时每刻都受到外力作用的雕塑。

外力作用的主要表现形式有风化、侵蚀、搬运、沉积和固结成岩等。

风化侵蚀的产物，经外力搬运作用离开原来的位置，随着河流流速降低、风力减小或冰川融化等。这些物质又在地表沉积下来。在侵蚀——沉积过程中形成各种各样的侵蚀——堆积地形。

▼在沙漠地区，在风向比较固定的风力作用下，沙粒往往堆积形成状似新月的沙丘，叫新月形沙丘

在搬运、沉积方面，冰川的作用非常明显。冰川是指陆地上经常处于缓慢运动的天然冰体。冰川本身就是一种地貌，也是高寒地区重要的一种地貌营力，在冰川作用下形成的一系列独特的地貌形态，即冰川地貌。所谓冰川作用是指运动着的冰川对周围地表物质的侵蚀、搬运和堆积作用。其根本动力就在于冰川的运动。

当冰川厚达100米时，冰床上每平方米承受约90吨的压力。冰川滑动时，不仅能够碾碎岩石，甚至可将冰床底部的大砾石"连根拔起"。运动的冰川可将大小混杂的砾石"带走"，搬运到数百乃至数

▼在高纬或高山地区，冰川在运动过程中不断地侵蚀底部岩石和侧面岩壁，往往形成冰斗和角峰

千米远的地方,冰川的搬运能力惊人。随冰川"漂移"的砾石,大的直径可达30余米。在波罗的海南岸平原上,曾发现冰川搬运而来的大岩块。其体积是4千米×2千米×0.2千米,体积之大,令人瞠目!

冰川的堆积作用也是十分明显的。当冰川运动到雪线以下时,冰川开始消融,消融后冰川搬运的这种冰碛便堆积下来,形成各种各样的堆积冰碛物,表现出各种各样的冰川堆积地貌。

▲在岩石海岸,波浪不断地击打、侵蚀岩壁,使其回退,常形成陡崖

(二)外力作用对地表形态的塑造

横断山地山高谷深,可以说是在内力作用基础上,流水侵蚀作用塑造地表形态的典型例证。青藏高原在抬升的同时,流水不断下切,造就了"水拍云崖"的雄奇壮丽的景观。中国的黄土高原千沟万壑的地表形态也是风积黄土经内力抬升后,受外力(流水)侵蚀切割而形成的。

在许多大河的中下游地区,内力作用导致基地下沉,泥沙沉积往往形成开阔的冲积平原和三角洲。在干旱地区,含有大量沙砾气流,当风速减小时沙砾沉积形成沙丘。沙丘可以埋没村舍、道路、牧场,带来流沙危害。

人类活动与地表形态

人类活动对地表形态的影响是十分明显的。为了谋求生存和发展,人类从来没有停止过改造周围环境的活动。人类对地表的改变,有的是合理的,有些是不合理的,有些是有害的。

目前,由于沿海地区土地资源紧张,使人们将眼光投向了广阔的海洋,各国均纷纷围海造陆。欧洲的荷兰是世界上著名的低地国,全国有1/4的陆地低于海平面。荷兰人从13世纪就开始围海造陆,荷兰有1/5国土是从海中围起来的。世界上一些发达国家,如日本、美国、法国等都已建造了人工岛。中国澳门人100多年来的填海造陆的办法,使土地面积扩大了1倍。

▼中国澳门机场人工岛

中国的地形特征

我们伟大的祖国,山河壮丽。有气势磅礴的大高原,绵延不绝的崇山峻岭,群山环抱的大盆地,又有一望无际的大平原。在各类地貌类型中,山地面积占全国总面积的2/3以上。中国是一个多山的国家。

西高东低的阶梯状地势

滚滚黄河、滔滔长江,自西部青藏高原发源,向东流经多个省、自治区、直辖市后,分别注入渤海和东海。中国主要河流的流向大体上反映了中国西高东低的地形大势。中国的地形不仅西高东低,而且各种地形类型大致围绕被称作"世界屋脊"的青藏高原,像阶梯一样作半圆状向着太平洋逐级降低。由两条山岭组成的地形界线,明显地把大陆地形分成为三级阶梯。

第一级阶梯

在分层设色地形图上,西南部一大片为深褐色,还夹有白色,表示这里地势高峻,有些地方终年积雪不化,这就是素有"世界屋脊"之称的青藏大高原,海拔大多在4000米以上,高原上还分布有一系列高山,如昆仑山、冈底斯山等,构成中国阶梯状地势的第一级阶梯。长江、黄河、雅鲁藏布江、怒江、澜沧江等都发源于这一级阶梯或阶梯倾斜面上。

第二级阶梯

从青藏大高原往北、往东,至大兴安岭—太行山—巫山—雪峰山,这一片深黄色地区,地面海拔一般在1000~2000米,为高原、盆地分布区,例如云贵高原、四川盆地等,属于第二级阶梯。这一级阶梯内也分布有高山,如天山、祁连山等。西江、海河、黑龙江等发源于这级阶梯。

第三级阶梯

大兴安岭—雪峰山一线以东,是浅黄色和淡绿色相间地区,海拔大多在500米以下,主要是丘陵和平原分布区,属于第三级阶梯。不过,第三级阶梯内也分布有一些低山和中山,丘陵山地间分布有一系列河谷盆地。闽江、钱

▼雪山山脉

塘江等发源于这级阶梯。

如果通过北纬32°线，由西向东作一幅中国地形剖面图，从大高原到盆地、平原，一直延伸到海底，西高东低、呈阶梯状逐级下降的地势就一目了然了。其实，第三阶梯继续向海面以下延伸，就是浅海大陆架，并通过大陆架与大洋盆地相连接。

大陆架是大陆向海洋自然延伸的部分，分层设色图上用很浅的蓝色表示。大陆架原是与大陆紧密联系在一起的，一般深度不大，坡度非常平缓。目前，开发海洋资源，尤其是石油资源主要是在大陆架上进行的。

中国这种西高东低、面向大洋逐级下降的地形特点，不仅有利于来自东南方向的暖湿海洋气流深入内地，对中国的气候产生深刻而良好的影响，使中国东部平原、丘陵地区能得到充分的降水，尤其是最多的降水期和高温期相一致，为中国农业生产的发展提供了优越的水、热条件；而且也使大陆上的主要河流都向东奔流入海，既易于沟通中国的海陆交通，也便于中国东西地区之间经济贸易的交流；同时，这种阶梯状的地形还在一定程度上影响到河流，使之形成较大的多级落差，从而蕴藏着有利于多级开发的异常巨大的水力资源。

▼中国的山地地形，山地占国土面积的1/3

多种多样的地形

中国的地形类型，无论是从成因来看，还是从形态来看，都是多种多样、丰富多彩的。有被内力推移而高高抬升的高原和山地，也有被挠曲下降的低洼盆地和平原。在温暖湿润的东部和南部，有各种各样以流水作用为主的侵蚀和堆积地貌；在干旱的西北，有以风力作用为主的沙漠景观；在西部高山上，有别具风格的冰川作用的地貌；在西南部石灰岩分布地区，则有景色迷人的喀斯特地貌……青藏、云贵、内蒙古和黄土高原，是中国著名的四大高原。塔里木、准噶尔、柴达木和四川盆地，是中国著名的四大盆地。长江、黄河、珠江和黑龙江等大河流，在辽阔的大地上奔流，造成了许多广大而肥沃的平原。在平原上点缀有葱郁秀丽的低山丘陵，而在西部更有无数高大崎岖的山地。

多种多样的地形为中国农、林、牧、副、渔的多种经营和综合发展，提供了极为有利的条件。据统计，中国的山地丘陵约占全国土地总面积的43%，高原占26%，盆地占19%，平原占12%。如果把高山、中山、低山、丘陵和崎岖不平的高原都包括在内，那末中国山区的面积要占全国土地总面积的2/3以上。山区虽然不利于种植业的发展，也不利于交通运输以及经济文化的交流，但却埋藏着丰富的矿藏，生长着茂密的森林和珍贵的动、

▲丘陵地貌，丘陵地区一般有些小山丘，山水相映，景色秀丽

植物资源，它们都是中国社会主义建设不可缺少的宝贵财富。

定向排列的山脉

中国是一个多山的国家，不仅山区面积广大，而且大小山脉纵横全国，它们的分布规则有序，按一定方向排列，大致以东西走向和东北—西南走向的为最多，西北—东南走向和南北走向的较少。

东西走向的山脉主要有三列：最北的一列是天山—阴山，中间的一列是昆仑山—秦岭，最南的一列就是南岭。东北—西南走向的山脉多分布在东部，山势较低，这种走向的山脉主要也有三列：最西的一列是大兴安岭—太行山—巫山—武陵山—雪峰山，即前面提到的第二和第三级阶梯的分界线；中间的一列包括长白山、辽东丘陵、山东丘陵和浙闽一带的东南丘陵山地；最东的一列则是崛起于海上的台湾山脉。西北—东南走向的山脉多分布于西部，由北而南依次为阿尔泰山、祁连山和喜马拉雅山。南北走向的山脉纵贯中国中部，主要包括贺兰山、六盘山和横断山脉。上述这些山脉构成了中国地形的骨架，它们把中国大地分隔成许多网格。分布在这些网格中的高原、盆地、平原以及内海、边海的轮廓，都在一定程度上受到这些山脉的制约。

横亘全国的东西向山脉，又是一些大河的分水岭。秦岭山脉是黄河和长江的分水岭，南岭山脉是长江和珠江的分水岭。河流的流向明显地受着山脉的制约，如西南部的雅鲁藏布江、金沙江、澜沧江和怒江等，它们的流向都受到冈底斯山、唐古拉山、喜马拉雅山与横断山等山脉的控制。长江、黄河总的流向是自西向东，但许多河段也受山脉走向的制约，时宽时窄，时而向东南流，时而向东北流，最后东流入海。

中国地势、地形速记顺口溜

西高东部低，地势呈阶梯；
阶梯分有三，青藏高原一；
大太巫雪山，东三西二级；
海风入内陆，东流河源西。
地形五大种，分布交错综；
山地高平原，盆地和丘陵；
西部多山地，山盆两相间；
山有世界最，盆高世界奇；
中部高原多，南北连一体；
东部平原广，山丘分界域。

中国主要的山脉

　　山是指有顶峰、山坡和山麓三部分的高地。高度一般高出当地平原500米以上，一般相对高度大于300米。山地是山分布的地区，如果山地呈带状分布时，称为"山带"。山脉则是具有明显走向的山地；如果山地具有明显走向的峰线时，称为"山岭"。所以，山岭可以是不长的，因而山岭和山脉不同。几条走向相同的山脉组成一个山系。这样，山带和山系之内就可以有丘陵、盆地、河谷间杂其间。例如长白山是一条山脉，而南岭就不能称为山脉，而只能称为山地，这是因为南岭没有明显的走向。

多山之国

　　中国是多山之国。据统计，山地、丘陵和高原的面积占全国土地总面积的69%。就海拔而言，世界上海拔8000米以上的高峰共14座，位于喜马拉雅山脉和喀喇昆仑山脉的中国国境线上和国境内者即达9座。世界第一高峰——珠穆朗玛峰，第二高峰——乔戈里峰，第三高峰——干城章嘉峰，第五高峰——马卡鲁峰，第七高峰——卓奥友峰均位于中国国境线上，第十四高峰——希夏邦马峰位于中国西藏境内。至于海拔超过5000米的高峰，在喜马拉雅山脉、喀喇昆仑山脉、冈底斯山脉、念青唐古拉山脉、天山山脉、祁连山脉、横断山脉、大雪山、岷山等山地中数以千百计，无论是山峰的高度还是数量都是其他国家无可伦比的。

▼珠穆朗玛峰

　　山地是中国地貌的骨架。中国大地貌单元如大高原、大盆地的四周都被山脉环绕。青藏高原是中国最高最大的高原，平均海拔4500～5000米，环绕高原的山脉有喜马拉雅山，喀喇昆仑山、昆仑山、祁连山、横断山等。西南部的云贵高原海拔降至2000～1000米，周围的山脉有哀牢山、苗岭、乌蒙山、大娄山、武陵山等。西北部黄土高原和内蒙古高原边缘的山脉有秦岭、太行山脉、贺兰山、阴山山脉、大兴安岭等。新疆塔里木盆地是中国最大的内陆盆地，盆地最低处罗布泊洼地的海拔780米。而周围的天山、昆仑山、阿尔金山等山脉，一般海拔在4000～5000米。新疆准噶尔盆地、青海柴达木盆地和四川盆地的四周都为高大山脉所封闭。就是在中国东部和东北部的大平原和岛屿上也可见到大片的中、低山和丘陵，如松辽平原东部的张广才岭和长白山脉，黄淮海平原东部的山东丘陵和长江中下游的低山丘陵。台湾岛的玉山海拔3997米，海南岛的五指山海拔1867米。

▼喀喇昆仑山脉

造山运动

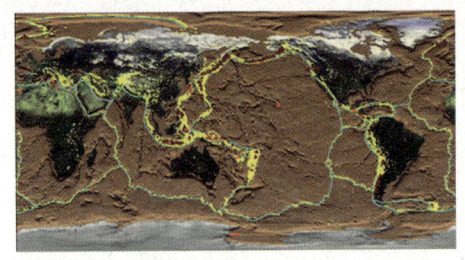
▲全球板块构造

造山运动是指地壳局部受力、岩石急剧变形而大规模隆起形成山脉的运动，仅影响地壳局部的狭长地带。中国造山运动划分为5幕：即加里东运动、华力西运动、印支运动、燕山运动和喜马拉雅运动。

（1）加里东运动指发生在早古生代的造山运动。在这次造山运动中，主要褶皱隆起的有俄罗斯西伯利亚南部的山脉。

（2）华力西运动指古生代石炭纪至二叠纪的造山运动。这一运动使中国北部阿尔泰山、天山、大兴安岭、阴山、昆仑山、阿尔金山、祁连山、秦岭等山脉隆起，并伴有大量的花岗岩侵入。

（3）印支运动指中生代三叠纪至侏罗纪的造山运动。这一运动使川西、滇西北一带隆起成为山地，如岷山、邛崃山、大雪山、云岭等。

（4）燕山运动指中生代白垩纪的造山运动。这一运动不仅产生燕山山脉、太行山脉、贺兰山、雪峰山、横断山脉、唐古拉山、喀喇昆仑山等山脉，而且形成许多山间断陷盆地，并在盆地内堆积了巨厚的砂页岩层。

（5）喜马拉雅运动是发生在新生代的最年轻的造山运动。分为两幕：第一幕是在渐新世至中新世，使喜马拉雅山主体、冈底斯山、念青唐古拉山、长白山、武夷山脉等大幅度隆起；第二幕发生于上新世至更新世，这时，喜马拉雅山南面的西瓦里克丘陵隆起，西藏高原大幅度上升，台湾山地露出海面。喜马拉雅运动对那些古老的山脉都有不同程度的影响，但对大兴安岭—阴山一线以北的地区比较微弱。所以中国的山脉虽然形成的地质时代有先有后，但并非都是前几次造山运动所形成的面貌。

根据板块构造的理论，中国是由若干个古板块拼接镶嵌而成的。但如何与板块构造的理论具体相联系，尚待进一步探索。可以肯定，每一次造山运动就是由于古大陆板块

▼青藏高原地貌，五彩湾是受风力和流水作用形成的侵蚀台地，外观属丘陵地形，实际是高原地形

在移动时，古板块边界发生碰撞所造成的。

中国山系

山地系统是指山脉、山块、山链及其大小分支的总称。它具有复杂的地质发展史和包括不同年代、不同类型的山地。

中国的主要山系如下：天山—阿尔泰山系、帕米尔—昆仑—祁连山系、大兴安岭—阴山山系、燕山—太行山系、长白山系、喀喇昆仑—唐古拉山系、冈底斯—念青唐古拉山系、喜马拉雅山系、横断山系、巴颜喀拉山系、秦岭—大巴山系、乌蒙—武陵山系、东南沿海山系、台湾山系、海南山系。

▲天山

天山—阿尔泰山山系区，该区位于中国西北端北纬40°以北，东经96°以西地区，主要山脉有阿尔泰山、天山等，呈西北—东南向绵延。

阴山—大兴安岭山系区，主要包括阴山和大兴安岭。阴山呈东西走向，大兴安岭呈东北及北北东走向，该区除上述山脉外，还包括贺兰山、六盘山和大马群山等山脉。

长白山及东北、山东诸山山系区，该区包括三个部分：小兴安岭、东北东部诸山（包括长白山）和山东低山丘陵。小兴安岭呈西北—东南向延伸，东北东部分布有一系列东北—西南向的山脉，主要有张广才岭、老爷岭、吉林哈达岭、长白山、龙岗山、千山，山东诸山在地质构造上与东北东部诸山一脉相承，地貌特征亦相似，主要为低山和丘陵。

昆仑山山系区，该区包括昆仑山和喀喇昆仑山。昆仑山从帕米尔往东一直延伸到四川，是由若干平行排列山脉组成的大山系，分为东西两段。喀喇昆仑山构造上与昆仑山无关，但地域分布十分接近，出于综合及使用方便的目的将二者划为一个区。

▶长白山天池一角

▼大兴安岭

阿尔金山—祁连山山系区，主要包括祁连山和阿尔金山。阿尔金山大致呈北东东方向延伸，祁连山呈北西西延伸，后者包括一系列平行山岭，主要有走廊南山、冷龙岭、托来山、党河南山、托来南山、疏勒南山、达坂山、青海南山、拉脊山等。

秦岭—大巴山山系区，主要包括秦岭和大巴山。秦岭西起川、甘接壤处的岷山，与昆仑山系相连，东部逐渐没入于东部江淮平原，是中国地理景观上南北分界线。大巴山位于川、陕、鄂三省交界处，是长江和汉水的分水岭。

燕山—太行山山系区，该区分布范围从辽宁西部，内蒙古与河北毗邻处，直至山西的大部和陕西的部分地区。燕山位于北部冀、辽、内蒙古边缘，太行山北端与燕山相连，大体顺冀晋两省边界，南北向延伸。属于本山系区内还有山西省境内的吕梁山、中条山、太岳山等。

▲秦岭

冈底斯山—唐古拉山山系区，该区内有三条主要的山脉：冈底斯山、唐古拉山和念青唐古拉山。念青唐古拉山是冈底斯山的向东延续部分，呈东北走向。

喜马拉雅山山系区，该区以喜马拉雅山为主，它向南凸出呈弧形延伸，从克什米尔直至雅鲁藏布江大拐弯处，是全世界最高的山脉，其珠穆朗玛峰为世界第一高峰。

横断山脉山系区，大致介于北纬22°到32°05′，东经97°到103°之间，为一系列东西骈列的高山，山岭呈南北向纵贯，山岭与山岭之间是深切的峡谷，地势十分险峻。山脉自东向西在北段依次为邛崃山、大雪山、沙鲁里山、芒康山、他念他翁山；在南段则为哀牢山、无量山、云岭、怒山、高黎贡山等。

南岭及华中诸山系区，分布于云贵高原以东，长江以南的广大地区，包括海南岛上的山系。该区地貌比较破碎，山脉众多，没有一支突出的主体山脉，但大体上可以分为两个系列。一组是近乎东西向、绵亘于广西、广东、湖南和江西四省区边界上的南岭，由越城岭、都庞岭、萌诸岭、骑田岭和大庾岭等五条山岭组成；另一组是大体上呈东北西南向或接近于南北向绵亘的山脉，在浙江、福建境内有仙霞山、雁荡山、会稽山、武夷山、洞宫山，在江西、湖南境内有罗霄山、幕阜山、雪峰山，贵州境内有苗岭，川东有巫山，四川盆地内有一系列东北西南向褶皱山地，还有海南岛东南部的五指山、中部的黎母岭、西部的雅加大岭等。

▼高黎贡山

台湾山系区，该区由台湾岛上山脉组成，主要为五条南北向的山脉，即中央山、雪山、玉山、阿里山以及东部的海岸山。

中国的四大高原

海拔高度一般在1000米以上，面积广大，地形开阔，周边以明显的陡坡为界，比较完整的大面积隆起地区称为高原。高原与平原的主要区别是海拔较高，它以完整的大面积隆起区别于山地。高原素有"大地的舞台"之称，它是在长期连续的大面积的地壳抬升运动中形成的。它以较大的高度区别于平原，又以较大的平缓地面和较小的起伏区别于山地。有的高原表面宽广平坦，地势起伏不大；有的高原则山峦起伏，地势变化很大。世界最高的高原是中国的青藏高原，面积最大的高原为南极冰雪高原。

▲青藏高原

青藏高原

青藏高原位于中国西南部，大致介于喜马拉雅山和昆仑山之间，包括西藏自治区全部、青海省绝大部分和四川西北部，面积大约为200万平方千米，是世界上海拔最高的大高原。

高原周围大山环绕，南有喜马拉雅山，北有昆仑山和祁连山，西为喀喇昆仑山，东为横断山脉。高原内还有唐古拉山、冈底斯山、念青唐古拉山等。这些山脉海拔大多超过6000米，喜马拉雅山不少山峰超过8000米。高原内部被山脉分隔成许多盆地、宽谷。湖泊众多，青海湖、纳木湖等都是内陆咸水湖，盛产食盐、硼砂、芒硝等。高原是亚洲许多大河的发源地。长江、黄河、澜沧江（下游为湄公河）、怒江（下游称萨尔温江）、森格藏布河（印度河）、雅鲁藏布江（下游称布拉马普得拉河）以及塔里木河等都发源于此，水力资源丰富。

青藏高原实际上是由一系列高大山脉组成的高山"大本营"，地理学家称它为"山原"。高原上的山脉主要是东西走向和西北—东南走向的，自北而南有祁连山、昆仑山、唐古拉山、冈底斯山和喜马拉雅山。这些大山海拔都在五六千米以上。所以说"高"是青藏高原地形上的一个最主要的特征。青藏高原在地形上的另一个重要特色就是湖泊众多。高原上有两组不同走向的山岭相互交错，把高原分割成许多盆地、宽谷和湖

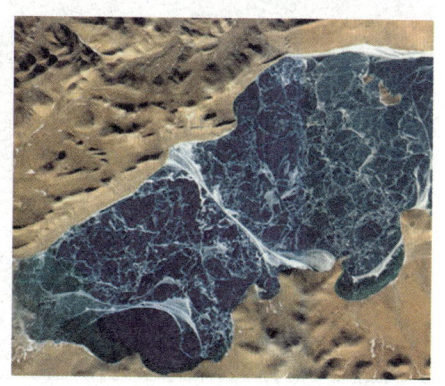
▼青藏高原的纳木错湖

泊。这些湖泊主要靠周围高山冰雪融水补给，而且大部分都是自立门户，独成"一家"。著名的青海湖位于青海省境内，为断层陷落湖，面积为4456平方千米，高出海平面3175米，最大湖深达38米，是中国最大的咸水湖。其次是西藏自治区境内的纳木错，面积约2000平方千米，高出海平面4650米，是世界上海拔最高的大湖。这些湖泊大多是内陆咸水湖，盛产食盐、硼砂、芒硝等矿物，有不少湖还盛产鱼类。在湖泊周围、山间盆地和向阳缓坡地带分布着大片翠绿的草地，所以这里是仅次于内蒙古、新疆的重要牧区。

　　青藏高原雄伟壮观，它的南侧、北侧和东侧分别以数千米高差跌落到附近的大平原和大盆地。高原内部分布有一系列近东西走向的山脉，例如冈底斯山、念青唐古拉山、唐古拉山、可可西里山和巴颜喀拉山等，山地上部白雪皑皑。山脉之间相嵌以宽谷盆地，呈现一派"远看为山、近看成川"、莽莽苍苍的壮观景象。高山上部覆盖着冰川、积雪，夏日消融，成为许多江河水源，也是灌溉用水的主要来源。

内蒙古高原

　　内蒙古高原在中国北部，西起甘肃、新疆边境的马鬃山，东到大兴安岭，包括内蒙古自治区大部，甘肃、宁夏、河北等省区的一部分，是中国第二大高原。

　　内蒙古高原开阔坦荡，地面起伏和缓。从飞机上俯视高原就像烟波浩瀚的大海，古人称之为"瀚海"。高原上既有碧野千里的草原，也有沙浪滚滚的沙漠，是中国天然牧场和沙漠分布地区之一。内蒙古高原气候十分干燥，沙漠分布面积要占全国沙漠总面积的37.8%。较大的沙漠有巴丹吉林沙漠、腾格里沙漠、乌兰布和沙漠和库布齐沙漠等。

　　黄河流经内蒙古高原中部的这一段，有的地方河谷紧缩，成为峡谷；有的地方河谷宽展，泥沙堆积成肥沃的冲积平原，这就是著名的河套平原。河套平原自古就有"塞上江南"之称，这是劳动人民在这里修建渠道，引黄河水灌溉农田的结果。

　　内蒙古高原一般海拔1000～1200米，南高北低，北部形成东西向低地，最低海拔降至600米左右，在中蒙边境一带是断续相连的干燥剥蚀残丘，相对高度约百米。高原地面坦荡完整，起伏和缓，古剥蚀夷平面显著，风沙广布，古有"瀚海"之称。地质上古生代末期华力西运动使蒙古地槽褶皱隆起，燕山运动只发生广泛而和缓的挠曲和断裂。喜马拉雅运动和新构造运动使高原普遍抬升，并有大规模的玄武岩喷溢，填充了低洼处形成熔岩台地，广布于高原东部，台地呈阶梯状，台面略有起伏。

　　高原上普遍存有5级夷平面，

▼河套平原

▲内蒙古高原

形成层状高原。燕山运动挠曲下陷地区，第三系湖相沉积层堆积甚厚，扩大了平地面范围。新生代以来，气候虽有冷温干湿的交替，但均属半干旱和干旱气候，高原面分割轻微，过去形成的剥蚀夷平面大部得以形成平坦而较完整的高原。

内蒙古高原戈壁、沙漠、沙地依次从西北向东南略呈弧形分布：高原西北部边缘为砾质戈壁，往东南为砂质戈壁，高原中部和东南部为伏沙和明沙。伏沙带分布于阴山北麓和大兴安岭西麓，呈弧形断续相连；明沙主要有巴音戈壁沙漠、海里斯沙漠、白音察干沙漠、浑善达克沙地、乌珠穆沁沙地、呼伦贝尔沙地等。

黄土高原

黄土高原介于长城以南，秦岭以北，祁连山东端乌鞘岭以东，太行山以西，包括山西全省，陕西大部，甘肃、宁夏、河南等省区的一部分。除石质山地外，地面为深厚的黄土覆盖，最厚的地方可达200米左右，一般为数十米。海拔1000～2000米，是世界著名的黄土高原。黄土实际覆盖面积约30万平方千米，成为世界上最大的黄土分布区。黄土高原地形大致由三部分组成：最高的是石质山地，如吕梁山；位置居中的是黄土高原主体部分，常见的有黄土塬、黄土梁和黄土峁；最低的是断陷谷地，如渭河谷地，汾河谷地等。

黄土高原的水土流失主要由暴流沟谷冲刷疏松黄土所致。黄土颗粒细小，质地疏松，具有直立性并含有碳酸钙，遇水容易溶解、崩塌。地面坡度较大，植被稀疏，夏季又多暴雨，造成奇峰、陡壁、溶洞、陷穴、天生桥等微地貌，更助长了沟壑扩展，加速水土流失。同时也与近代地壳上升有关，使得沟床不断下切和侧蚀，沟谷溯源侵蚀加剧，相应的谷坡又不断地扩展，于是沟间地日益破碎。除上述自然因素外，与人类活动，特别是滥垦滥伐，破坏天然植被等社会因素有密切关系。新中国成立后，对黄土高原的水土流失采取了一系列综合治理措施，植树造林、种草，将坡耕地改为水平梯田，以及水利工程等措施，黄土高原发生了可喜的变化。

▼黄土高原

云贵高原

位于中国西南部,包括云南省东部,贵州全省,广西壮族自治区西北部和四川、湖北、湖南等省边境,是中国南北走向和东北—西南走向两组山脉的交会处,地势西北高,东南低。它大致以乌蒙山为界分为云南高原和贵州高原两部分。西面的云南高原海拔在2000米以上,高原地形较为明显。东面的贵州高原起伏较大,山脉较多,高原面保留不多,称为"山原",海拔在1000~1500米之间。云南高原和贵州高原相连在一起,分界不明,所以合称为"云贵高原"。

云南高原位于哀牢山以东的云南省东部地区,因其在云岭以南,故称为云南高原。高原面保存良好。云南高原上的山地顶部多呈宽广平坦地面,或呈和缓起伏地面,有"高山顶上路宽大"的说法。连绵起伏的山岭间,有许多湖盆和坝子。云南有1200多个坝子,占全省耕地三分之一,低陷的成为盆地,有的积水成湖。如以昆明为中心的高原面上,分布着滇池等许多大小湖泊,被称为"滇中断陷湖区"。湖盆四周由于湖水外泄和四周山地沙泥淤积,大多数已发育有湖岸平原。这里土壤肥沃,土层深厚,是高原的主要农业区。

贵州高原位于多雨的季风区,雨量充足,因此有"天无三日晴"的说法。由于多雨,高原上的河流水量大,许多河流长期切割地面,形成许多又深又陡的峡谷。贵州高原的地貌可以大致分为三级地形面:山原、盆地和峡谷。高原上最高的一级是山原,以贵州西部最明显。高原面因长期受河流切割而呈山原形态。在这个高原面下,分布着一些盆地(坝子),最大的是贵阳盆地,是高原上的主要农耕地带。峡谷是河流长期下切形成的,如乌江河谷深达300~500米,在这里"对山唤得应,走路要一天"。北盘江打帮河上源的黄果树瀑布,宽约20米,从50多米高的陡崖上直泻犀牛潭,水花飞溅,气势磅礴,是中国最大的瀑布。

▼喀斯特地形

云贵高原最大的特色之一,是个被溶蚀的高原,喀斯特地形显著。云贵高原上石灰岩厚度大,分布广,经地表和地下水溶蚀作用,形成落水洞、漏斗、圆洼地、伏流、岩洞、峡谷、天生桥、盆地等地貌,是世界上喀斯特地貌最发育的典型地区之一。云贵高原面上有一层固结的红色土层(又叫风化壳),表示地面是个久经风化的地面。当它被剥蚀去后,就出露石灰岩,形成大片石芽地。路南石林就是石芽地中发育得最好的一片。这里奇峰兀立,如柱如塔,如笋如菌,高的10米以上,矮的5~10米。人们在望峰亭或狮子亭眺览,就可欣赏远近石林的奇景。

中国的三大平原

　　平原比高一般在200米以下。多数产生在堆积基面（如海面、湖面等）附近。中国平原不多，约占全国面积12%。它是被称为东部"低地中国"的主要地形类型。中国的平原总面积不足国土总面积的1/3，但对于人类生存与发展却占据重要位置。中国东部的东北平原、华北平原、长江中下游平原合称为中国三大平原，是中国当今经济活动最集中的地区。东北平原、华北平原，是中国东部沉降地带，古地理条件优越，有不少良好的储油构造，是中国重要的石油工业基地。

东北平原

　　东北平原又称松辽平原。位于大、小兴安岭和长白山之间。北起嫩江中游，南至辽东湾。长约1000千米，东西最宽处约400千米。主要由辽河、松花江、嫩江冲积而成。大部分海拔在200米以下。长春附近松辽分水岭处地势稍高（200～250米）。松辽分水岭以南称辽河平原，以北称松嫩平原。省区包括黑龙江、吉林、辽宁三个省和内蒙古的一部分。面积约35万平方公里，是中国面积最大的平原。

　　东北平原由三部分组成。北部叫松嫩平原，南部是辽河平原，东北部是三江平原。南北的两块平原又合称松辽平原，是东北平原的主体。由于它们是由松花江和嫩江冲积而成，所以地面平坦，海拔多在200米以下，站在平原上遥望，平畴沃野，麦浪如波，好一派辽阔大平原的景象。

　　东北的三江平原则是一个低洼的平坦平原。过去这里是一个山间盆地，每到雨季，三条大江的洪水滚滚而来，一齐涌向这个排水不畅的低洼原野，造成江水泛滥。再加上这一地区纬度较高，冬季漫长，气温较低，蒸发微弱，存于地面的积水蒸发不掉，渗不下去，更排不出去，

▼如今的"北大荒"已是"北大仓"了

长年累月的积水就演变成中国有名的大沼泽地,成为"除了兔子就是狼,光长野草不打粮的北大荒"。

1949 年以后,成千上万的部队指战员,知识青年和干部群众,怀着开发边疆,建设祖国的豪情壮志,奔向"北大荒",开垦了成千上万亩的荒地,建立了数以万计的农场,改变了这千古荒原的面貌。

东北平原虽然冬季较冷,但夏季却很热,沼泽地虽然多,但土壤中水分充足。人民群众充分利用不利条件中的有利因素。最大限度地利用土层深厚,耕地辽阔,有大面积肥沃的黑土,宜林则林,宜牧则牧,采取农、林、牧、副、渔综合发展的原则,在人迹罕至的茫茫荒原上,排干沼泽,开垦荒地,建商品粮基地,设现代化工厂和新农村,使千古荒原变成万顷良田,使"北大荒"变成了"北大仓"。

华北平原

华北平原北起燕山山麓,南至淮河附近,西到太行山山麓,东止于海滨,包括河北、山东、河南三省大部和北京、天津两市,是中国第二大平原。平原海拔一般在 50 米上下,滨海地区只有 10 米左右,天津只有 3.3 米。

华北平原又称为黄淮海平原,主要由黄河、淮河、海河冲积而成。整个平原以黄河为"分水岭",分为南北两部分:北部属海河流域,叫海河平原;南部属淮河流域,叫黄淮平原。

大约距今 1.3 亿年前,中国东部发生燕山地壳运动,使今天的河北西部边境抬升成为东北—西南走向的太行山脉,东部相应断层下陷,并为海水所淹没。到距今 7000 万年前的喜马拉雅地壳运动,西部山地再次抬升,东部继续下沉。然而由于黄、淮、海等河流带来的大量泥沙超过了地壳下沉的速度,使得华北平原不断填充,成为大冲积平原。

华北平原地势平坦,一望无际,是典型的冲积平原。整个平原地势以黄河冲积扇为中心,向北、向南、向东微微倾斜。由黄河冲积形成的冲积平原占此地区面积的 40%。冲积扇地势较高处海拔在 50 米以上,坡度较大,容易排水;边缘是地势更为低平的冲积平原,海拔只有 30 米左右。在冲积平原的外围,即临近海岸的地方就是滨海平原,由各河流的三角洲相连而成。

华北平原上多低洼地,凡是冲积扇与冲积扇之间、河流与河流之间,都是地势比较低洼、湖沼较多的地区,著名的低地有白洋淀、文安洼、大洼、微山湖、东平湖、滏阳河、子牙河等。

华北平原地处温带,属于典型的大陆性季风气候,冬季寒冷,夏季却异常炎热。早晚气温很低,开春晚且秋天短。另外,春季风很大,黄沙和柳絮漫天飞舞。年降水量较多,其中 70% 集中在夏季。由于低洼地区排水不畅,许多地方经常发生旱涝灾害,因此有"大雨大灾,小雨小灾,无雨旱灾"之说。

长江中下游平原

长江中下游平原，主要由长江及其支流以及钱塘江冲积而成的狭长平原，跨湖北、湖南、江西、安徽、江苏、浙江六省和上海市。平原海拔一般在40米以下，至河口附近海拔在10米以下。

长江中下游平原系由两湖平原（湖北江汉平原、湖南洞庭湖平原总称）、鄱阳湖平原、苏皖沿江平原、里下河平原（皖中平原）和长江三角洲平原组成。

两湖平原包括湖南的北部和湖北的南部。远古时代这里曾是个烟波浩渺的云梦泽，后来被长江及其支流冲刷下来的泥沙所填平。它的面积有5万平方千米，分为江汉平原和洞庭湖平原两部分。平原上水网密布，向称"鱼米之乡"。鄱阳湖平原位于江西北部至安徽西南边缘，面积达2万平方千米。地势低平，海拔在50米以下。皖中平原位于安徽中部的长江沿岸，以及巢湖附近，面积较小。

长江三角洲位于镇江以东，运河以南，杭州湾以北，面积达5万平方千米，由长江和钱塘江冲积而成，这里的海拔只有10米左右。三角洲上，河网纵横交错，湖泊星罗棋布，素称"水乡泽国"。这里盛产稻米、鱼虾，粮食产量在全国占有重要的地位，历史上曾有"苏湖熟，天下足"的说法。

▼长江三角洲

长江中下游平原濒临海洋，地处东南亚季风带，气候温暖湿润，降水丰富。年平均气温14～18℃；1月平均气温0～5.5℃；7月平均气温27～28℃，绝对最高气温可达38℃以上。年降水量1000～1500毫米，季节分配较均，但有"伏旱"。冬季长江以南比长江以北温度略高，具有明显的亚热带特色，而长江以北则呈现向暖温带过渡的气候特点。这一平原是中国淡水湖群分布最集中的地区，著名的有鄱阳湖、洞庭湖、太湖及巢湖等。

中国的四大盆地

盆地是四面被高地包围的低地。高地即指高原、山地、丘陵地等而言。低地是指平原、丘陵、台地等而言。所以，盆地内部不一定是平原，例如四川盆地的东半部基本上即以丘陵地为主。中国不少红盆地（指由中生代红层所成的盆地）底部都是红色丘陵地，平原很少。从习惯上，人们还每每把三面环山，一面外通的囊状谷地也叫做盆地。巨大盆地之内，还可以包括着山地，例如四川盆地中，即有著名的老根据地华蓥山，成为盆地中的最高点。

盆地分布集中在中国西部，如中国四大盆地都是分布在西边的。它们是：塔里木盆地、柴达木盆地、准噶尔盆地和四川盆地。此外，还有不少次一级的盆地，如吐鲁番盆地、江汉盆地等等。这些盆地都有长久的发育历史和形成过程。它们把四周高地流下的矿物质积贮起来，形成各种有用矿床，如石油、天然气、钾盐、钠盐、煤层、砂矿等等。地表还有不少河流和冲积平原，或者还保留着巨大的湖泊、沼泽地。因而，成为人类早期活动的场所。近代更成为工矿业中心、农业中心地域。盆地面积约占中国面积19%。

塔里木盆地

塔里木盆地是中国第一大内陆盆地。位于新疆维吾尔自治区南部。西起帕米尔高原东麓，东到罗布泊洼地，北至天山山脉南麓，南至昆仑山脉北麓，大致在北纬37°～42°的暖温带范围内。盆地东西长1400千米，南北宽约550千米。面积约53万平方千米，大体呈菱形。四周高山海拔4000～6000米，盆地中部海拔800～1300米，地势由南向北缓斜并由西向东稍倾。边界受东西向和北西向深大断裂控制，成为不规则的菱形，并在东部以70千米宽的通道与河西走廊相接。

塔里木盆地居亚洲大陆中心，气候干燥，雨量特少，如若羌1957年全年降水量3.9毫米，民丰安迪尔1966年降水量5.0毫米，蒸发量却很大，若羌达2952毫米，故以风力作用为主，风速常在5米/秒以上，石蘑菇和风城地貌发育。

塔里木盆地和准噶尔盆地是新疆天山南北一对"孪生兄弟"。因为两盆地分布于昆仑山、天山、阿尔泰山之间，故有"三山夹两盆"之说。早在五亿年前，新疆大部分地区是汪洋大海，只有塔里木和准噶尔两块陆台高踞于波涛汹涌的海面上。大约距今两三亿年前，

▼塔里木盆地

强烈的地壳运动,使深陷的海底隆起,成为雄伟的昆仑、阿尔泰山。这样,塔里木和准噶尔便成了众山环抱的两个盆地,并为天山所分割。因此常用"天山南北"来称谓新疆。

塔里木盆地的水系不能外流,为全封闭性内陆盆地。盆地周围分布着绿洲,中间是塔克拉玛干大沙漠,蕴藏着丰富的石油。塔里木河是全国最长的内陆河,环绕盆地西、北半圈。河畔是胡杨林,形成著名的绿色走廊。

塔里木盆地,作为古丝绸之路南道,历史上这里曾是中西文化交融荟萃之地。"塔里木盆地是世界文化的摇篮,找到这把钥匙,世界文化大门便打开了"——美国人类学家的断言并不夸张。历史的变迁,留下了许多难解之谜,更增添了塔里木的神奇色彩。盆地中有被黄沙淹没的古城,如楼兰古城、尼雅古城,它们是当今中外考古学者研究历史的重要依据,也是沙漠探险旅游的好去处。

准噶尔盆地

准噶尔盆地被新疆北部的阿尔泰山和中部的天山夹住,新疆的另一盆地是天山和南部的喀喇昆仑山相夹的塔里木盆地。远在一亿年前,新疆大部分地区还是汪洋大海,只有准噶尔和塔里木两块陆台高踞在波涛汹涌的海面上。到了古生代,强烈的地壳运动使海水逐渐退去,两块陆台的周围海底隆起而变成现在这样雄伟的高山,而原先的塔里木、准噶尔反而变成群山包围的两大盆地了。

▲准噶尔盆地北部拍摄的一张地表状况照片,图为干涸的河床及河边

准噶尔盆地是中国第二大盆地。位于新疆维吾尔自治区北部,天山山脉、阿尔泰山脉及西部诸山间。呈不等边三角形。东西长1120千米,南北最宽处约800千米。面积约38万平方千米,海拔500～1000米(盆地西南部的艾比湖湖面海拔仅190米),东高西低。盆地西部有高达2000米的山岭,多缺口,西北风吹入盆地,冬季气候寒冷,雨雪丰富。

盆地边缘为山麓绿洲,日平均气温大于10℃的温暖期约140～170天,栽培作物多一年一熟,盛产棉花、小麦。盆地中部为广阔草原和沙漠(库尔班通古特沙漠),部分为灌木及草本植物覆盖,主要为南北走向的垄岗式固定、半固定沙丘,南缘为蜂窝状沙丘。

盆地南缘冲积扇平原广阔,是新垦农业区。发源于山地的河流,受冰川和融雪水补给,水量变化稳定,农业用水保证率高。除额尔齐斯河注入北冰洋外,玛纳斯、乌伦古等内陆河多流注盆地。

准噶尔盆地内蕴藏着丰富的石油、煤和各种金属矿藏,盆地西部的克拉玛依是中国较大的油田。北部的阿尔泰山区盛产黄金。

当今随着新疆旅游事业的发展,盆地中众多的尚未开发的旅游资源越来越被人们所关注,围绕盆地的探险旅游线路是沟通火烧山温泉、五彩城、魔鬼城、玛瑙滩、石树沟、恐龙沟、石钱滩的一条聚观光、探险、狩猎、科学考察于一体的综合性线路。

柴达木盆地

▲这是卫星拍摄的青海湖图片

柴达木盆地是中国青海省西北部内陆盆地。西北倚阿尔金山，北和东北临祁连山，南为昆仑山，面积约20万平方千米。盆地西部海拔约3000米，东部降至2600米左右。西部有许多低山，经强烈风蚀形成大体平行排列的长岗和劣地，也有大片流动沙丘。盆地东南部有黄土状物质分布，依靠地下水发展灌溉农业，春小麦产量高。发源于四周山地的河流汇集于覆盖有第四系沉积物的盆地中部，形成众多的湖泊和湿地，多为咸水湖或盐湖。环湖有盐土平原。

"柴达木"蒙古语即盐泽之意。位于盆地中央的察尔汗盐湖是中国最大盐湖，面积1600平方千米，最厚盐层达15米，储盐量约250亿吨。茶卡盐池、柯柯盐池的储盐量也很大。

柴达木盆地属干旱大陆性气候。气温特低，利于地下冻土层的发育。夏日消融，高原雪山来水，洪流泛滥，沼泽面积广。降水稀少、风力强劲，风沙地貌广泛发育。水系稀疏，河流短小，多达40条，以高山冰雪融水补给为主。植被稀疏，以超旱生及旱生灌木和半灌木为主，适于骆驼放牧。地形结构从边缘至中心，依次为戈壁、丘陵、平原、湖泊。四周山前平原戈壁带（即石质荒漠）广阔，宽达20千米以上，坡度5°～8°，间有零星沙漠分布，多属移动沙丘，一般高5～10米，最高50米，是复合沙丘链。

柴达木盆地地处青藏高原深处，为阿尔金山、祁连山、昆仑山所环绕。处于平均海拔4000多米的山脉和高原形成的月牙形山谷中，盆地内有盐水湖5000多个，最大的要数面积1600平方千米的青海湖。

柴达木盆地的雅丹地貌世界闻名，这是由于风化引起的。盆地的盐产以及矿产都相当丰富，怪不得人们将柴达木盆地誉为"财富盆地"。同时，它也属于狂风盛行的沙漠地域，在春秋两个雨季，盛行大风，受到西部昆仑山脉的阻挡，狂风在这里改变风向，同时风速也降了下来，于是在这块带状地域沉积了很多的卵石和沙粒。对于整个柴达木盆地，它是一片沙漠景象。它的腹部沉积着群山被侵蚀后落下的碎石，以及由风携带而来的碎石片和沙子。

四川盆地

四川盆地位于四川省东部，东为巫山，南邻大娄山，西接邛崃山与龙门山，北为秦岭与大巴山，是一个典型的为群山环抱的盆地，面积约20万平方千米。

四川盆地，中国著名红层盆地，属扬子准地台四川台坳。四川盆地为丘陵性盆地，底部以丘陵为主，次为低山和平原，是中国各大盆地中形态最典型、纬度最南、海拔最低的盆地。因为在整个盆地内部都是紫红色的土壤，人们又常常把四川盆地称为"紫色盆地"或"红色盆地"。

四川盆地地形形成早在1.8亿年前，即在侏罗纪时期已是盆地。这个广大的海盆到白垩纪（距今1.4亿年）缩小，变成了内陆湖盆。白垩纪末第三纪时（距今6.6千万年），受到长江及四条大川（今岷江、涪江、沱江和嘉陵江）的侵蚀，盆地内湖水东泄，渐渐形成了长江谷地。长江谷地吸引四周来水，汇合成为水系进一步对白垩纪和侏罗纪地层进行侵蚀。由薄层砂岩和页岩组成的部分被侵蚀掉，盆地不断被蚀低；由坚硬砂岩、石灰岩等组成的部分则不断突起，形成川东山地。长江中上游水系开始沟通，长江在四川盆地一段，称为"川江"。急速的川江在蛇行曲流形态影响下，不断向两岸冲蚀，使得四川盆地现在还在上升，河流还在下切。

盆地的格局主要受北东—南西向及北西向两条构造线控制，构成了典型的菱形盆地，广元、雅安、叙永、云阳为菱形的四顶点，东西两边稍长，为380～430千米，南北两边略短，为310～330千米。以上菱形四顶点的连线与盆地内650～750米的等高线大体相当，盆地底部与边缘山地也以此为分界。

盆地边缘多低山和中山，山势陡峻，发源盆地边缘山地的河流大多为"V"型谷，岭谷高差都逾500～1000米，地表崎岖，故历史上有"蜀道难，难于上青天"之说。山脊海拔大多在2000～3000米，西北部与西部可超过3000～4000米，如龙门山4984米，峨眉山3099米，小相岭4791米。地表广泛出露古生代及其以前的石灰岩，其次为板岩、片岩、结晶灰岩、石英岩、砂泥岩和砾岩，局部有花岗岩和玄武岩。石灰岩分布区可见石林、溶洞、暗河、槽谷等喀斯特地貌。

盆地底部海拔多数在250～700米，地势东南倾，盆地内各河流均由边缘山地汇聚盆地底部的长江干流，形成向心状水系。地表为大面积的中生代紫红色砂岩与泥岩所覆盖，是中国中生代陆相红层分布最集中地区。

四川盆地地形闭塞，气温高于同纬度其他地区。气温东高西低，南高北低，盆底高而边缘低，等温线分布呈现同心圆状。而边缘山地气温又具有垂直分布特点。盆地各地夏季始于5月底，夏长4～5个多月，最热月气温高达26～29℃，长江河谷近30℃，盆地东南部极端最高温往往超过40℃，重庆、彭水曾出现44℃，故重庆亦为长江流域的三大"火炉"之一。

▼卫星拍摄的四川盆地

中国的丘陵

丘陵一般海拔在200米以上，500米以下，相对高度一般不超过200米，起伏不大，坡度较缓，由连绵不断的低矮山丘组成的地形。丘陵一般没有明显的脉络，顶部浑圆，是山地久经侵蚀的产物。

"两大块或五小片"丘陵

中国的丘陵可大体分为两大块或五小片。两大块为由江南、浙闽、两广丘陵组成的东南丘陵和由辽东、山东丘陵组成的胶辽丘陵。

▲丘陵地形，中国幅员广大，地形丰富多样

北至长江、西至云贵高原、东至海边的一大片丘陵低山统称为东南丘陵。其中，位于南岭以北的叫江南丘陵；位于南岭以南的称两广丘陵；浙江、福建两省境内的称为浙闽丘陵。

东南丘陵大部分地区海拔在500米左右，以丘陵、低山为主，也有不少海拔超过1000米的山岭。由于受地壳多次抬升运动和流水的长期切割，这一地区形成峰林挺拔、百态千姿的丹霞地形。同时，由于风化作用的侵蚀，从低山丘陵上剥蚀下来的风化物沉积在低洼的盆地中，其中的·含铁物质充分氧化后形成密集的红色氧化物，形成红色土壤，从而造成东南丘陵翠岗红岩的景观外貌。

▼江南丘陵茶园

辽东、山东丘陵虽以渤海相隔，但其成因、气候以及植被物种都十分相似。由于古代地壳多次升降运动，形成了由古老结晶岩组成的断块低山丘陵，即辽东丘陵和山东丘陵。而其间一地段地壳下沉，海水入侵，形成渤海。辽东丘陵地区经过海退、海侵和地壳升降，形成崎岖的地表和临海峭崖台地的地貌特色。山东丘陵地区矗立着一个个小型方山，高度从几十米至数百米不等，四周崖壁突出，形成别具一格的"崮子地貌"。

中国丘陵地区地貌多样，其中有些奇特秀美，成为举世瞩目的风景区，例如五岳独尊的泰山，怪石陡壁的黄山，飞瀑奇松的庐山，山清水秀的桂林山水，等等。

▲江南丘陵梯田

江南丘陵

江南丘陵，东南丘陵的组成部分。是南岭以北、长江以南、云贵高原以东、天目山和武夷山以西的低山、丘陵的总称。江南丘陵跨江西、湖南、安徽、浙江、江苏等五个省，其地形特点表现为：东北—西南走向的低山、丘陵与长条形的盆地、河谷相间排列，海拔多在200～600米，一些主要山脉的主峰，超过1500米。这些高大山峰多为花岗岩和其他坚硬岩石构成，峻峭挺拔，并伴有怪石奇松，飞流瀑布，自然景色壮观而又秀丽。庐山、黄山、衡山等都是著名的旅游胜地。

丘陵之间分布着"红色盆地"，这些盆地多是由红色砂岩、页岩等构成，故又称为"红岩盆地"。江南丘陵红壤分布广泛，许多地区被开辟为茶园，是中国著名的人工林区，油茶、杉木、马尾松等经济林木和用材林木分布较为普遍。

浙闽丘陵

浙闽丘陵，东南丘陵的组成部分。是浙江省杭州以南、福建全省及广东省东部低山、丘陵的总称。海拔高度多为200～1000米，一些山峰海拔在1500米以上。浙闽丘陵地区分布着许多东北—西南走向的山脉，主要有武夷山、天目山、仙霞岭、括苍山、雁荡山、戴云山等。

▼武夷山风景

浙闽丘陵地形较为破碎，流水切割作用强烈，形成许多峡谷急流、河谷小盆地及河口小平原。主要盆地有金衢盆地和邵武盆地。主要河口平原有泉州平原、福州平原、漳州平原和温州平原等。浙闽丘陵地区广泛分布着亚热带植被，用材林木和经济林木在全国占有一定地位。

两广丘陵

两广丘陵是广东、广西两省区大部分低山、丘陵的总称。主要山脉有十万大山、云开大山、大瑶山、云雾山、九连山和莲花山等。丘陵海拔多在200～

▲泰山风光

400米，少数山脉超过1000米。广东境内多花岗岩、红砂岩地形，广西境内多石灰岩地形，桂林、阳朔一带的奇峰异洞尤为著名。西江、北江、东江沿岸有河谷小平原。

山东丘陵

山东丘陵位于山东省中部和东部，大部分在山东半岛之上。它为一个低缓山岗与宽广谷地相间的丘陵。除崂山、沂山、蒙山、泰山等少数山峰高过1000米以外，其余大部分地区的海拔高度不足500米。

山东丘陵地区粮食作物以小麦、薯类、玉米为主，经济作物主要有大豆、花生、烟草等。山东丘陵地区还盛产多种农林产品，其中，烟台苹果、莱阳梨、花生、柞蚕等闻名全国，素有"水果之乡""花生之乡"等称誉。

辽东丘陵

位于辽宁省东南部，地处辽东半岛。由长白山脉的延续部分及其支脉——千山山脉组成，自东北向西南方向延伸，大部分地区海拔在500米以下，只有个别山峰超过1000米。在长期流水作用切割下，地形比较破碎。

在地质构造上，辽东丘陵和山东丘陵极为相似。在地质历史时期它们曾连接在一起，后来，由于渤海湾的沉降，才使它们彼此分离。辽东丘陵盛产苹果、柞蚕等，是中国著名的温带水果和柞蚕茧产区之一。矿产资源有铁、镁、硼、金刚石、岫岩玉等。

◀丘陵地貌，中国丘陵分布广阔，大江南北都有丘陵

▼千山山脉

第五章
中国气候的基本特征

　　中国气候最明显的特征是，季风气候明显，冬夏盛行风向有显著的变化，随季风的进退，降水有明显的季节性变化。大陆性气候强，影响的范围广，冬夏两季的平均气温与同纬度其他国家或地区有较大差异，冬季气温低于同纬度地区，夏季气温高于同纬度地区，气温年较差大。气候类型多样，不仅地处温带、亚热带、热带各种气候带，而且由于地形崎岖，往往在不同范围内形成不同尺度的气候差异。水热同期，利于农牧业生产，但气候的稳定性差，旱涝、低温、冻害、台风、冰雹等气候灾害发生的频率高，影响范围广，防灾减灾的任务繁重。

大陆性季风气候

这是中国气候最显著的特征。中国也是世界上季风气候最明显的地区之一。这种气候表现为一年中冬夏盛行风向的季节变换明显,并随着风向变换产生显著的季节气候差异。冬干冷而夏湿热,雨量集中在夏季,冬季风主要来源于蒙古高压,形成偏北或北风,气流的性质干燥寒冷;夏季风主要来源于印度洋和西太平洋的副热带高压及南半球的澳大利亚的高压,形成西南、东南和偏南气流。在季风的成因类型上,近地面主要是由海陆热力差异引起的,高空则是行星风带的季节位移,高空风带的季节变化对近地面季风环流起着一定的作用。青藏高原近地面则是由于高原面与周围大气的热力差异而形成的高原季风,它与亚洲季风是两个不同的系统,它们既相区别,又相联系。所以中国季风不同于世界其他地区的季风,具有独特的性质。

中国的季风气候是大陆性季风气候,由于冬夏季风源地的不同,反映到降水方面,降水分布极不均衡,主要从东南往西北逐渐稀少;降水的季节分配差别也很大,夏季很多,冬季很少;降水年变率和月降水变率也都很大。大陆性季风气候还反映在气温方面,冬季南北温差很大,夏季普遍高温。另外,冬夏极端气温相差特别大,气温的年较差、日较差均高于同纬度的平均值。

气候类型复杂多样:中国土地面积广阔,地形复杂,海陆影响相差悬殊,使中国既有寒温带气候,又有四季常青的亚热带、热带气候。西部地区干旱风大,阳光充足,东部沿海湿润多雨。在东部地区,南北热量成带状分布,从北到南有寒温带、温带、暖温带、亚热带、热带季风气候。东西干湿变化明显,从东到西可划分湿润、半湿润、半干旱、干旱等地区,自然景观也随之变化而有森林、森林草原、草原、半荒漠和荒漠。青藏高原更是复杂多样,从喜马拉雅山南麓到高原腹地,犹如从热带到两极,热带、亚热带、温带、寒带气候均有之。中国是多山的国家,山地气候又有多种类型的垂直变化。横断山脉有"山下百花山上雪,一日居然四季周"之谚,可见气候的垂直变化极为明显。气候的复杂多样,为多种动植物生长、生活提供了适宜的生态环境,使得中国的生物资源格外丰富。为农业的因地制宜,多种经营提供了自然条件。

中国复杂多样的气候,有利于适应各种不同气候特点的生物在全国各地繁殖生

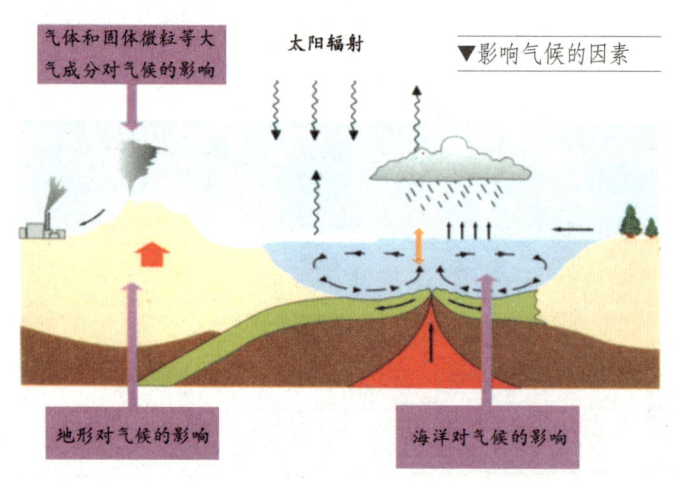

▼影响气候的因素

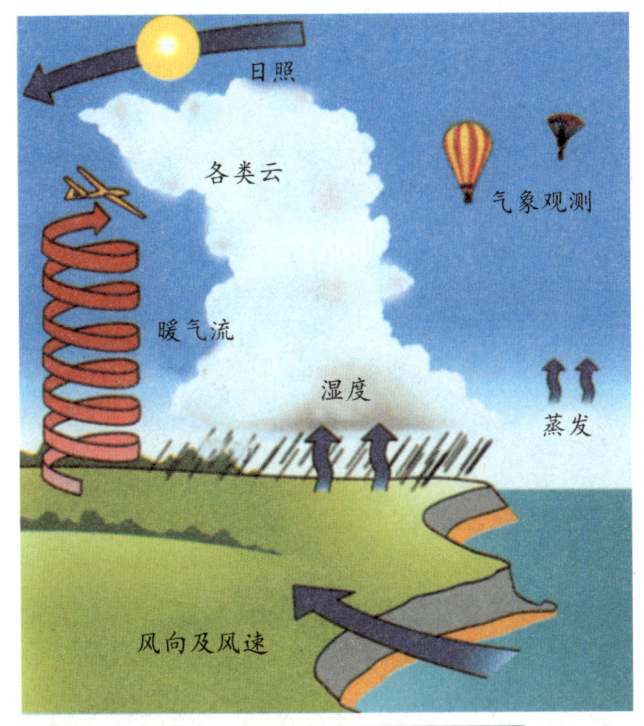

▲各种气象信息为天气预报及其他气象研究提供着最基本的资料

长，因而动植物资源多样丰富。复杂多样的气候资源条件和错综复杂的地形条件相结合，为中国农业开展多种经营，栽培各种林木，实行多种农作制度提供优越条件。

中国光热条件较优越，世界上各种农作物几乎都能在中国种植。夏半年大多数地区都可栽培各种喜温作物。暖温带以南地区，一般可保证农作物实行复种。中国湿润区、半湿润区面积约占全国一半，大部分季风区水热条件配合良好，雨热同期，使农作物和林木在旺盛的生长期内能得到充足的光热和水分。中国喜温作物种植界限，要比世界其他地区纬度偏高得多。如1956年中国黑龙江省呼玛县利用当地夏温较高的有利条件，辅以水利等措施，试种水稻成功，成为目前世界上水稻分布的最北界限。即使是青藏高寒气候区，热量少，但因空气透明度大，太阳辐射强度大，日照充足，1959年以来，青稞、豌豆等作物也已成功地获得种植并推广，突破了"高寒禁区"。

中国水热条件特点

中国位于亚欧大陆的东南部，东半部属于大陆东岸的季风气候，西北部深入大陆腹地，属于干旱气候，西南部为高度超过3000米的青藏高原，具有高原气候的特点。

中国从赤道带、经热带、亚热带和暖温带、中温带，直到寒温带，具有纬度地带性差别，特别是东部表现更为明显，温度基本上自南向北降低。季风的更替使这种温度变化表现更为复杂。

中国冬冷夏热，南北温差冬季远大于夏季。中国冬季气温低，南北温度差异大。是世界上同纬度地区最冷的地方。与同纬度地区的平均气温相比，东北偏低14～18℃；黄河中下游偏低10～14℃；长江以南偏低8℃；华南沿海偏低5℃上下。

夏季全国气温普遍升高。南北之间的温度差远小于冬季。除青藏高原地区外，全国各地极端最高气温都在35℃以上，平均气温比同纬度均温偏高1.3～2.5℃。因此，中国夏季温度与同纬度地区的差值比冬季时要小得多。

全国大部分地区四季分明，仅华南地区长夏无冬，大、小兴安岭和青藏高原等地无夏，藏北地区西部全年皆冬，云南中部四季如春。广大四季分明的地区，位置越北，春秋季节越短。

降水量的空间分布不均。从东、南两个方向向西北内陆减少，等雨量线走向大致为东北—西南向。

降水的季节分配和雨型关系密切。冬末春初(2月份)南北方气流交汇于南岭一带，形成具有稳定降水的准静止锋，使粤北和南岭发生低温阴雨。3~4月准静止锋跃迁至温州和南岭北面的江南丘陵一带，并可波及长江中下游两岸，形成这一带的春季连绵阴雨。6月中旬开始，准静止锋迅速移至长江中下游平原，形成梅雨。7月中旬以后，锋面又跃进到淮河平原和鄂西北山地，在这些地方形成较短期的阴雨。自此以后，雨带移至北方，具有过境锋性质，形成北方的夏末秋初雨季，不具有连阴雨特点。7月中旬开始，江南处于副热带高压控制下，东南沿海因常受台风侵袭，降水相当丰富，而江南丘陵出现伏旱，形成短期的旱季。

降水量季节分配不均，冬季干旱少雨，夏季雨量充沛。华北为"春旱夏雨型"，长江中下游地区为"春雨、梅雨、伏旱型"，青海南部、西藏东部、四川西部和云南大部及华南为"冬春旱夏秋雨型"，青藏高原西部为"夏雨集中型"，湖北西部、四川盆地和贵州大部地区为"全年多雨型"，东北东部地区为"夏秋雨型"，西北内陆为"全年干旱型"。

中国各地的雨季

中国北方是夏雨冬干，南方则是夏多雨冬少雨。淮河以北地区雨季短而集中，是夏雨冬干的夏雨区。如华北、东北等地，7、8两月降水量占全年60%~70%，其中东北东部雨季稍长，7—9月是夏秋雨区。长江中下游流域地区雨季虽长，但主要是春雨、梅雨区，7月初—8月有一相对干旱期，入秋后又有秋雨，以西部较为明显。华南沿海地区雨季从4月底—10月中旬，前期4、5月为东南季风大雨期，8、9月为台风雨期，中间6、7月也有相对干旱期。中国台湾东北端冬季为迎风海岸，是中国唯一的冬雨区。西部高原干湿季明显，雨季约从5月下旬~10月下旬(东部至9月)，雨季降水量比干季大9倍左右。西北干旱地区则全年少雨。

寒潮、梅雨和台风

寒潮、梅雨、台风是中国重要的天气气候现象。它们各自的形成、变化构成了中国气候变化的主要特征。

寒潮

寒潮是冬季的一种灾害性天气，群众习惯把寒潮称为寒流。所谓寒潮，就是北方的冷空气大规模地向南侵袭中国，造成大范围急剧降温和偏北大风的天气过程。

中国位于欧亚大陆的东南部。从中国往北去，就是蒙古国和俄罗斯的西伯利亚。西伯利亚是气候很冷的地方，再往北去，就到了地球最北的地区——北极了。那里比西伯利亚地区更冷，寒冷期更长。影响中国的寒潮就是从那些地方形成的。

位于高纬度的北极地区和西伯利亚、蒙古高原一带地方，一年到头受太阳光的斜射，地面接收太阳光的热量很少。尤其是到了冬天，太阳光线南移，北半球太阳光照射的角度越来越小，因此，地面吸收的太阳光热量也越来越少，地表面的温度变得很低。在冬季北冰洋地区，气温经常在 -20℃ 以下，最低时可到 -60℃ ~ -70℃。1月份的平均气温常在 -40℃ 以下。

由于北极和西伯利亚一带的气温很低，大气的密度就要大大增加，空气不断收缩下沉，使气压增高，这样，便形成一个势力强大、深厚宽广的冷高压气团。当这个冷性高压势力增强到一定程度时，就会像决了堤的海潮一样，一泻千里，汹涌澎湃地向中国袭来，这就是寒潮。

中国气象台一般用日均温的过程总降温高于 10℃ 和温度负距平的绝对值高于 5℃，或者过程总降温高于 7℃ 和温度负距平的绝对值高于 3℃ 作为标准，根据寒潮影响地区的大小，分别定义全国性寒潮和区域性寒潮。在冬季，大约平均10天左右就有一次冷空气暴发南下的过程。

侵袭中国的寒潮路径主要有4条：西北方路径为最多，约占60%；北方路径，约占19%；西方路径，约占14%；东北方路径，约占7%。

中国平均每年出现寒潮的次数约6次，但各年差异很大，寒潮出现最多的年度达10次，出现最少的年度仅2次。11月出现寒潮的次数最多，秋末和初春由于西风带的活动和调整，寒潮出现次数也较多。

▼遭遇寒潮冻害的农作物

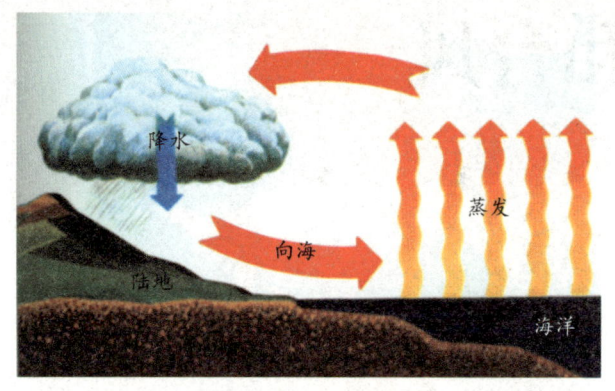

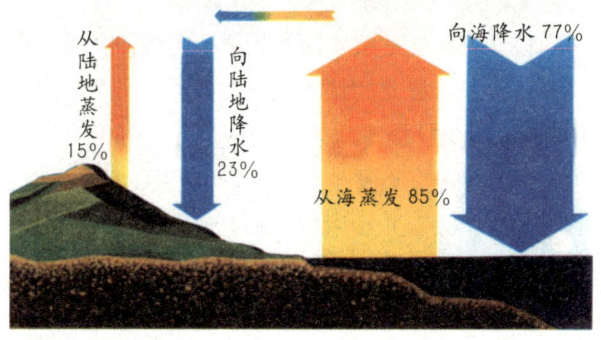

▲ 蒸发与降水的示意图

寒潮的侵袭，往往在不同地区造成不同程度的灾害。很多地区出现冻害和低温冷害，对农业常造成巨大损失；当寒潮伴有暴风雪时，还给牧区造成严重灾害；在黄河以南出现的冻雨，也会给交通、通讯和工业带来破坏。

寒潮和强冷空气通常带来的大风、降温天气，是中国冬半年主要的灾害性天气。寒潮大风对沿海地区威胁很大，如1969年4月21日—25日那次的寒潮，强风袭击渤海、黄海以及河北、山东、河南等省，陆地风力7～8级，海上风力8～10级。此时正值天文大潮，寒潮暴发造成了渤海湾、莱州湾几十年来罕见的风暴潮。在山东北岸一带，海水上涨了3米以上，冲毁海堤50多千米，海水倒灌30～40千米。

寒潮带来的雨雪和冰冻天气对交通运输危害不小。如1987年11月下旬的一次寒潮过程，使哈尔滨、沈阳、北京、乌鲁木齐等铁路局所管辖的不少车站道岔冻结，铁轨被雪埋，通信信号失灵，列车运行受阻。雨雪过后，道路结冰打滑，交通事故明显上升。寒潮袭来对人体健康危害很大，大风降温天气容易引发感冒、气管炎、冠心病、肺心病、中风、哮喘、心肌梗死、心绞痛、偏头痛等疾病，有时还会使患者的病情加重。

很少被人提起的是，寒潮也有有益的影响。地理学家的研究分析表明，寒潮有助于地球表面热量交换。随着纬度增高，地球接收太阳辐射能量逐渐减弱，因此地球形成热带、温带和寒带。寒潮携带大量冷空气向热带倾泻，使地面热量进行大规模交换，这非常有助于自然界的生态保持平衡，保持物种的繁茂。

气象学家认为，寒潮是风调雨顺的保障。中国受季风影响，冬天气候干旱，为枯水期。但每当寒潮南侵时，常会带来大范围的雨雪天气，缓解了冬天的旱情，使农作物受益。"瑞雪兆丰年"这句农谚为什么能在民间千古流传？这是因为雪水中的氮化物含量高，是普通水的5倍以上，可使土壤中氮素大幅度提高。雪水还能加速土壤有机物质分解，从而增加土中有机肥料。大雪覆盖在越冬农作物上，就像棉被一样起到抗寒保温作用。

有道是"寒冬不寒，来年不丰"，这同样有其科学道理。农作物病虫害防治专家认为，寒潮带来的低温，是目前最有效的天然"杀虫剂"，可大量杀死潜伏在土中过冬的害虫和病菌，或抑制其滋生，减轻来年的病虫害。各地农技站调查数据显示，凡大雪封冻之年，农药可节省60%以上。

寒潮还可带来风资源。科学家认为，风是一种无污染的宝贵动力资源。举世瞩目的日本宫古岛风能发电站，寒潮期的发电效率是平时的1.5倍。

梅雨

梅雨是指每年6月中旬到7月上、中旬初夏，中国长江中下游指宜昌以东的28~34°N范围内或称江淮流域至日本南部这狭长区域内出现的一段连阴雨天气。

"梅雨"的名称是怎么得来的呢？原来它源于中国的一个气象名词。梅雨，在古代常称为黄梅雨。早在汉代，就有不少关于黄梅雨的谚语；在晋代已有"夏至之雨，名曰黄梅雨"的记载；自唐宋以来，对梅雨更有许多妙趣横生的描述。唐代文学家柳宗元曾写过一首咏《梅雨》诗："梅实迎时雨，苍茫值晚春，愁深楚猿夜，梦断越鸡晨。海雾连南极，江云暗北津，素衣今尽化，非为帝京尘。"其中的"梅实迎时雨"，指梅子熟了以后，迎来的便是"夏至"节气后"三时"的"时雨"。现在气象上的梅雨是泛指初夏向盛夏过渡的一段阴雨天气。

宋代贺铸曾被称誉为"贺梅子"，据说就是因为他在《青玉案》一词中写下了这样的名句："一川烟草，满城风絮。梅子黄时雨。"宋代陈岩肖在《庚溪诗话》中也有"江南五月梅熟时，霖雨连旬，谓之黄梅雨"的记述。明代徐应秋在《玉芝堂谈荟》中写道："芒后逢壬立梅，至后逢壬断梅"。历史上所称的"黄梅雨"通常是指"梅"节令内的降水。长江中下游地区的群众习惯上取"芒种"节气为梅节令，此时正值梅熟时节，因此也叫"黄梅"。

此外，由于这一时段的空气湿度很大，百物极易获潮霉烂，故人们给梅雨起了一个别名，叫做"霉雨"。明代谢在杭的《五杂俎·天部一》记述："江南每岁三、四月，苦霪雨不止，百物霉腐，俗谓之梅雨，盖当梅子青黄时也。自徐淮而北则春夏常旱，至六七月之交，愁霖雨不止，物始霉焉。"明代杰出的医学家李时珍在《本草纲目》中更明确指出："梅雨或作霉雨，言其沾衣及物，皆出黑霉也。"

可见，"梅雨"或"霉雨"的称谓由来已久，它开始在中国流传，至少可追溯到一千多年前。

梅雨是如何形成的呢？要回答这个问题，实际上就是要弄清楚停滞在长江中下游地区的雨带是如何造成的。为此，我们要从梅雨期间高、低空的大气环流形势入手，了解梅雨期的天气过程。

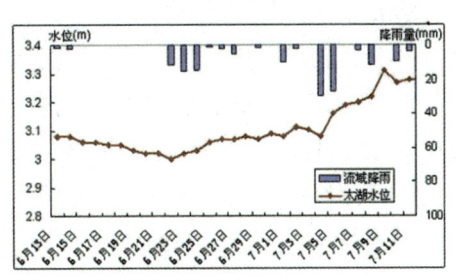
▼梅雨期太湖平均水位过程线图

长江中下游地区处在欧亚大陆东部的中纬度，一方面受到从寒带南下的冷空气影响，另一方面又受到从热带海洋北上的暖湿空气影响。每年从春季开始，暖湿空气势力逐渐加强，从海上进入大陆，先至华南地区，嗣后进一步增强北移，到了初夏常常伸展到长江中下游地区，有时还可到达淮河及其以北地区。特别是在两三千米的低空，常有一支来自海洋的非常潮湿的强偏南气流，风速达到每秒十几米到二十米左右。当它进入中国大陆以后，就与从北方南下的冷空气相遇。冷暖空气相遇，交界处形成锋面，锋面附近产生降水，梅雨就属于锋面降水的性质。

如果冷空气势力比较强，云雨区将随着冷空气向南移动；如果暖空气比较强，云雨区则会随着暖空气向北移动。显然，在这两种情况下，它们都不会在一个地区停滞下来。但初夏时期，在长江中下游地区，一方面暖湿空气已经相当活跃，另一方面从北方南下的冷空气还有一定的力量，特别是在靠近地面的空气层里，常有一小股、一小股的冷空气南下。这样，冷、暖空气就在这个地区对峙，互相争雄，形成一条稳定的降雨带。这条雨带南北只有两三百千米，东西长却可达两千千米左右，横贯在长江中下游，向东一直可以伸展到日本。正是这条雨带的影响，所以日本的梅雨也很明显。

这条雨带在短时间里也往往有比较小的南北摆动。当冷空气加强时，它稍微南移；当暖空气加强时，它又重新北抬。当这条狭窄的雨带在南北方向做小幅度摆动时，雨带附近的地区就会出现时晴时雨的天气。在这条雨带上，还不时有一个个降雨强度比较大的中心出现。在降雨中心经过的地区，常常会出现一次次大雨或暴雨。

台风

台风（或飓风）是产生于热带洋面上的一种强烈热带气旋。只是随着发生地点不同，叫法不同。印度洋和在北太平洋西部、国际日期变更线以西，包括南中国海范围内发生的热带气旋称为"台风"；而在大西洋或北太平洋东部的热带气旋则称"飓风"。也就是说，台风在欧洲、北美一带称"飓风"，在东亚、东南亚一带称为"台风"；在孟加拉湾地区被称作"气旋性风暴"；在南半球则称"气旋"。

台风经过时常伴随着大风和暴雨或特大暴雨等强对流天气。风向在北半球地区呈逆时针方向旋转（在南半球则为顺时针方向）。在气象图上，台风的等压线和等温线近似为一组同心圆。台风中心为低压中心，以气流的垂直运动为主，风平浪静，天气晴朗；台风眼附近为漩涡风雨区，风大雨大。

台风的形成原因是，在海洋面温度超过26℃以上的热带或副热带海洋上，由于近洋面气温高，大量空气膨胀上升，使近洋面气压降低，外围空气源源不断地补充流入。受地转偏向力的影响，流

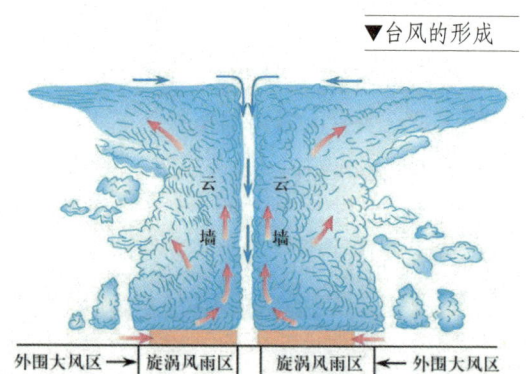

▼台风的形成

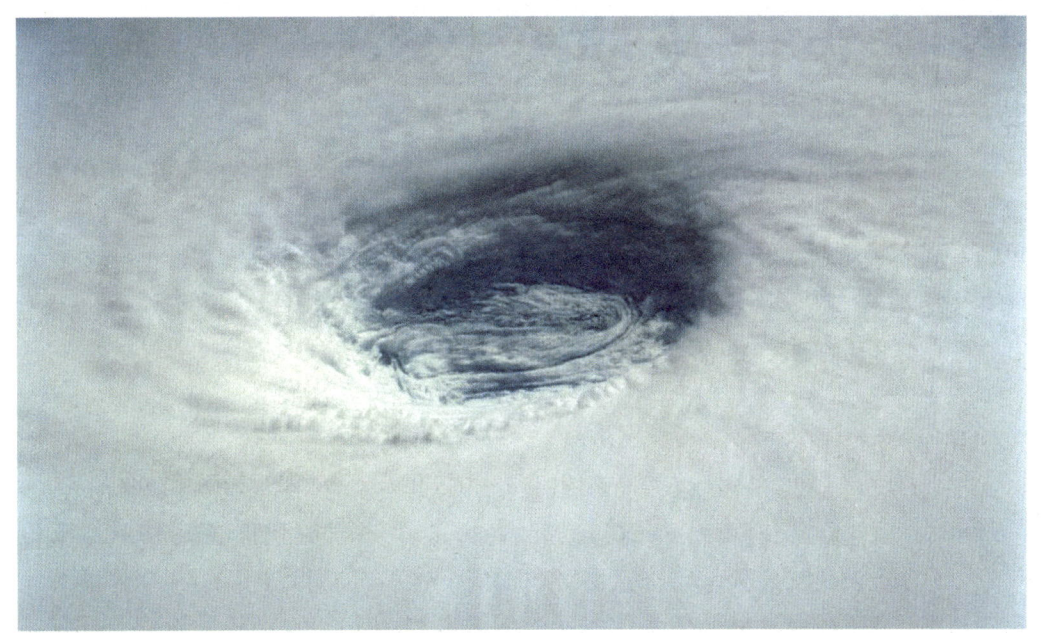
▲台风

入的空气旋转起来。而上升空气膨胀变冷，其中的水汽冷却凝结形成水滴时，要放出热量，又促使低层空气不断上升。这样近洋面气压下降得更低，空气旋转得更加猛烈，最后形成了台风。

从台风结构看到，如此巨大的庞然大物，其产生必须具备特有的条件。一、要有广阔的高温、高湿的大气。热带洋面上的底层大气的温度和湿度主要决定于海面水温，台风只能形成于海温高于26℃～27℃的暖洋面上，而且在60米深度内的海水水温都要高于26℃～27℃。二、要有低层大气向中心辐合、高层向外扩散的初始扰动，而且高层辐散必须超过低层辐合，才能维持足够的上升气流，低层扰动才能不断加强。三、垂直方向风速不能相差太大，上下层空气相对运动很小，才能使初始扰动中水汽凝结所释放的潜热能集中保存在台风眼区的空气柱中，形成并加强台风暖中心结构。四、要有足够大的地转偏向力作用，地球自转作用有利于气旋性涡旋的生成。地转偏向力在赤道附近接近于零，向南北两极增大，台风基本发生在大约离赤道5个纬度以上的洋面上。

中国是世界上少数几个受台风影响严重的国家之一。中国相当部分地区均直接或间接受台风影响而产生暴雨。沿海各省市最大雨量的影响系统是台风。

在中国沿海登陆的台风次数平均每年7次，但各年间差别很大。台风产生集中于夏秋季。在中国登陆的台风主要集中于7—9月，这3个月台风登陆频率各占26%，占全年总数的78%。中国南海北部、台湾海峡、中国台湾及其东部沿海、东海西部和黄海均为台风通过的高频区。台风登陆的地区几乎遍及中国沿海各省份，但主要集中于浙江以南各地，其中在广东登陆占39%，中国台湾占23%，海南占21%，福建占7%，浙江占5%。

台风带来的强风、暴雨和风暴潮严重威胁着人们的生命财产安全。

气候变化及演变趋势

　　气候变化是指气候平均状态统计学意义上的巨大改变或者持续较长一段时间（典型的为10年或更长）的气候变动。气候变化主要表现为三方面：全球气候变暖、酸雨、臭氧层破坏，其中全球气候变暖是人类目前最迫切的问题，关乎到人类的未来！气候变化的影响是多尺度、全方位、多层次的，正面和负面影响并存，但它的负面影响更受关注。全球气候变暖对全球许多地区的自然生态系统已经产生了影响。

近百年来的温度变化

　　根据政府间气候变化专业委员会（IPCC）于1995年发表的评估报告，自19世纪以来，全球平均地面气温上升了0.3～0.6摄氏度，过去100年中，全球海平面上升了10～25厘米。

　　从总体上说，中国在20世纪的年平均气温变化趋势与同期北半球的年平均气温变化趋势基本一致，即从19世纪80年代到20世纪10年代为持续低温期，20世纪20—40年代为持续高温期，20世纪50—70年代中期为又一低温期，20世纪70年代末到现在为第二个高温期。但是，中国在20世纪40—60年代的降温比北半球明显，而20世纪80年代增温不如北半球快。北半球百年最暖期在20世纪80年代，而中国百年最暖期出现在20世纪40年代。

　　各地气温变化不尽相同。1951—1990年间，北方各地年平均气温呈增暖趋势，而西南地区则呈变冷趋势。冬季平均气温变化趋势与年平均气温变化趋势一致，但夏季大部分地区为变冷趋势。

近百年来的降水变化

　　20世纪中国降水的趋势大致是从18、19世纪的较湿润时期转为较干燥的过渡时期。

▼水循环示意图

▲雨水的形成示意图

20世纪的10年代、50年代是多雨期，30年代、60年代和70年代是少雨期，70年代后期雨水逐渐增加。

中国各地区的多雨期和少雨期的变化，与北半球乃至全球的气候背景变化有密切关系。前些年频繁出现的"厄尔尼诺"现象及其对气候的影响，使人们重视海气作用的研究。

20世纪厄尔尼诺活动已发生27次，共有46年在东太平洋赤道地区，海面水温持续正距平超过0.5℃，而拉尼娜（同样地区海面水温持续负距平≤0.5℃）有18次（年）。厄尔尼诺与拉尼娜活动对中国气候的主要影响是造成降水异常，或产生大范围的干旱和洪涝灾害。

气候变化趋势预测

大多数气候学家认为，全球气候日渐变暖。气候变暖除了人类活动使大气中产生温室气体的人为因素外，太阳辐射变化、火山活动等自然因素也有很大作用。气候变暖是一个趋势，但气温仍会出现波动。

全球变暖是目前全球环境研究的一个主要议题。根据对100多份全球变化资料的系统分析，发现全球平均温度已升高0.3～0.6摄氏度。其中11个最暖的年份发生在80年代中期以后，因而全球变暖是一个毋庸置疑的事实。全球变暖将带来非常严重的后果，如冰川消退、海平面上升、荒漠化，还给生态系统、农业生产带来严重影响。

一、冰川消退

全球气候的小幅度波动虽然并不为人明显发觉，但对于冰川来说则有显著影响了。气温的轻微上升都会使高山冰川的雪线上移，海洋冰川范围缩小。长期观察表明，这一现象是存在的。

根据海温和山地冰川的观测分析，估计

▼随着全球气候变暖，北极熊互相残杀

▲随着全球气候变暖，冰川大量融化

由于近百年海温变暖造成海平面上升量约为2～6厘米。其中格陵兰冰盖融化已经使全球海平面上升了约2.5厘米。全球冰川体积平衡的变化，对地球液态水量变化起着决定性作用。如果南极及其他地区冰盖全部融化，地球上绝大部分人类将失去立足之地。

二、海平面上升

由于近年来温室气体的不断增加，造成了全球性气温上升，导致海水受热膨胀、高山冰川融化、南极冰盖解体，使得海平面上升，并且由于人为因素导致的陆地地面沉降，又造成了海平面的相对上升。

尽管不同研究人员的结果可能不同，近百年来海平面上升却是不容置疑的事实。自上世纪末以来，海平面上升约10厘米或稍多。据预测，到下个世纪末，海平面将比现在上升50厘米甚至更多。海平面上升将给人类带来惊人的严重影响。

海平面上升对人类环境的危害主要表现为：沿海陆地面积缩小、加剧海岸侵蚀、引起洪水灾害、淹没城镇、咸水入侵等。由于世界人口、工业、经济等主要集中在沿海地区，据推测，今后海平面上升1米，全世界受灾人口将达10亿，其中3～4亿人将无家可归，一些国家，尤其岛国，将从地球上消失，全世界受灾土地总面积可达500万平方千米，世界上1/3可耕地将受影响。据预测，中国海平面上升100厘米，长江三角洲海拔2米以下的1500平方千米低洼地将受到严重影响或淹没。

海平面上升还将使滨海湿地和沼泽受严重影响，据研究认为湿地能承受20厘米／百年的海平面上升，如果上升过快，将使湿地面积大大减少。而湿地是许多鱼类、鸟类和稀有动物的主要生活环境。

海平面上升还可使珊瑚面临危险，珊瑚礁岛屿面积会大大减小甚至消失。海平面上升还将通过盐水侵入地下水资源，进一步使土地盐碱化，沿海地区淡水匮乏。

三、荒漠化

荒漠化是全球变暖的又一不利影响。研究表明在全球变暖的背景下，世界上某些地区的降水将减少，而蒸发将增大，致使径流减少。地表径流减少导致一系列的缺水问题。

▼全球气候变暖加剧，人间天堂马尔代夫或被淹没

世界上本来就存在一些水资源短缺的地区，在此背景下将变得更加困难，荒漠化是必然结果。目前，世界沙漠化的速率是每年6万平方千米，这对于70%的干旱地区（全球陆地面积的25%）是一种潜在威胁，值得引起足够重视。

▲茫茫沙漠,有关沙漠的图片和地图的实际用途是截然不同的

四、气候变暖对生态系统的影响

全球变暖引起的气候变化将在几十年里发生,而大多生态系统不可能如此快地响应或迁移,因此自然生态系统将愈来愈不能与变化了的环境相适应。而由于人类社会对土地的占用,生态系统根本无法进行自然的迁移,致使原生态系统内物种的重大损失。

海洋生态系统受全球变暖的影响更大。海水温度变化以及某些洋流型的潜在变化,可能引起涌升流发生区和鱼类聚集地的变化。某些渔场可能会消失,而另一些渔场则可能扩大。

▼五彩斑斓的珊瑚礁是由海水温度和化学成分达到一定平衡而形成的,升高的温度会招致珊瑚礁的灭顶之灾

五、气候变暖对农业生产的影响

全球变暖引起的气候变化给农业生产带来较大影响,迫使人们进行作物改造,使之与新的气候条件相适应,这方面的技术基本上可以通过基因技术和遗传控制达到。可利用水量的变化是影响农业的最重要因素。水分供给对气候变化的脆弱性转变成作物种植和粮食生产中的脆弱性,使干旱或半干旱地区的农业生产风险增大。人们需要研究世界农业将如何适应可能发生的极端条件,如长期干旱。

第六章
河流与湖泊

中国河流湖泊众多，这些河流、湖泊不仅是中国地理环境的重要组成部分，而且还蕴藏着丰富的自然资源。中国的河湖地区分布不均，内外流区域兼备。中国外流区域与内流区域的界线大致是：北段大体沿着大兴安岭—阴山—贺兰山—祁连山（东部）一线，南段比较接近于200毫米的年等降水量线（巴颜喀拉山—冈底斯山），这条线的东南部是外流区域，约占全国总面积的2/3，河流水量占全国河流总水量的95%以上，内流区域约占全国总面积的1/3，但是河流总水量还不到全国河流总水量的5%。

中国的河流

众多的河流

中国是世界上河流最多的国家之一。中国有许多源远流长的大江大河。其中流域面积超过1000平方千米的河流就有1500多条。

中国的河流，按照河流径流的循环形式，有注入海洋的外流河，也有与海洋不相沟通的内流河。

主要河流简表

河流名称	长度（千米）	流域面积（平方千米）	流量（立方米／秒）
太平洋水系			
黑龙江	3420	1,620,170	8600
松花江	1927	545,000	2530
嫩江	1089	283,000	824
乌苏里江	890	187,000	2000
绥芬河	254	10,004	60
图们江	520	33,168	268
鸭绿江	795	63,788	1005
辽河	1430	164,104	302
滦河	877	44,945	149
海河	1090	264,617	717
黄河	5500	752,443	1820
洮河	669	31,400	172
汾河	695	39,400	53
渭河	818	107,340	292
沂河	322	11,555	122
淮河	1000	185,700	1110

河流	长度	流域面积	流量
长 江	6300	1,807,199	31,060
雅砻江	1500	129,930	1800
大渡河	1070	90,700	2033
岷 江	735	135,788	2752
嘉陵江	1119	159,710	2165
乌 江	1018	86,815	1650
澧 水	372	18,872	553
沅 江	1060	88,815	2158
资 水	590	28,899	797
湘 江	817	96,738	2288
汉 水	1532	150,710	1792
赣 江	744	82,068	2054
钱塘江	494	54,349	1484
瓯 江	338	17,543	615
闽 江	577	60,992	1980
九龙江	258	14,741	446
韩 江	325	34,314	942
浊水溪	186	3155	176
下淡水溪	159	3257	228
珠 江	2210	452,616	11,070
柳 江	730	54,205	1521
郁 江	1162	90,720	1700
桂 江	437	19,025	569
北 江	468	38,362	1260
东 江	523	25,325	700
鉴 江	211	9433	270

南渡河	340	6841	180
元 江	640	39,840	634
澜沧江	2153	161,430	2354
印度洋水系			
怒 江	2013	124,830	2000
雅鲁藏布江	2057	240,480	4425
北冰洋水系			
额尔齐斯河	546	50,860	342
内流河			
乌伦古河	715	22,032	35.6
伊犁河	441	65,000	410
玛纳斯河	406	4056	40.5
阿克苏河	419	35,871	195
塔里木河	2137		
喀什噶尔河	507	11,500	61.9
叶尔羌河	1037	48,100	203
和田河	1090	28,232	142
车尔臣河	527	18,119	16.4
格尔木河	419	15,477	23.5
疏勒河	540	20,197	26.4

两条重要的水文分界线

中国有两条重要的水文分界线，这就是外流区和内流区的分界线以及外流区中南方和北方的分界线。

河水最终能注入海洋的河流称为外流河，它们的集水区域称为外流区。河水最终不能汇入海洋，或消失在干旱的沙漠之中，或以内陆湖泊作为归宿的河流称为内流河，它们的集水区域称为内流区。

中国内、外流区的分界线，北起大兴安岭西麓，大致沿东北—西南方向，经阴山、贺兰山、祁连山、日月山、巴颜喀拉山、念青唐古拉山和冈底斯山，直至西藏西部的国境线为止。

这条线以东，除鄂尔多斯高原、松嫩平原及雅鲁藏布江南侧的羊卓雍湖一带有面积不大的内流区外，其余全是外流区；这条线以西，除新疆北部的额尔齐斯河流域外都是内流区。内、外流区的分界线与中国200毫米等雨量线大致相同。因此，它实际上也是一条气候和自然景观的分界线，以西是牧业为主的非季风气候区，以东是农业为主的季风气候区。不同的气候条件，赋予河流不同的特性。外流河主要水源是降雨，水量一般较为丰富；在前进过程中，"左右逢源"，有不少支流汇入，水量沿程增多；河水量的变化随降水而变；河网密度较大。内流河多以冰川积雪融水为主要水源，一般水量较小，而且支流很少，水量沿程不断减少；河中水量又随气温而变，到了冬天，气温很低就断流了，故多为季节性河流。

在中国东部的外流区中，南方和北方的分界线是秦岭—淮河。这一界线相当于年降水量为700～800毫米等雨量线的位置，其北属于半湿润半干旱地区，其南属于湿润地区。这一界线又相当于全年最冷月（1月份）平均气温0℃的等温线，故秦岭—淮河一线也是中国暖湿带和亚热带的分界线。可见，秦岭—淮河一线是中国一条重要的分界线，此线以南和以北的河流有着截然不同的特点。

秦岭—淮河一线以北的河流，包括东北河流和华北河流两类，二者以松花江—辽河分水岭为界。分水岭以北为东北河流，包括黑龙江、松花江、图们江、鸭绿江等；以南为华北河流，包括辽河、滦河、海河和黄河等。秦岭—淮河一线以南的河流，主要指长江、珠江以及东南沿海诸河，统称为南方河流。淮河北岸各支流具有华北河流的特性，干流本身及南岸各支流具有南方河流的特性，故淮河水系可作为过渡性水系看待。

中国河流的主要特点

中国的领土广阔，地形多样，气候复杂。在这样的条件下所发育的河流，与世界同纬度其他国家或面积相当的地区和国家相比，则不尽相同，具有自己的明显特点，主要是：数量众多，水量丰沛，水系多样，资源丰富。

数量多，流程长，是中国河流的突出特点之一。全国流域面积在100平方千米以上的河流有50,000余条，1000平方千米以上的河流有1580条，大于1

▼与秦岭息息相关的渭河源头

万平方千米的尚有79条。其中长江和黄河，不仅是亚洲最长的河流，也是世界著名的巨川。在世界最长的河流中，长江和黄河分别列为第三和第五位。此外，流经或发源于中国的澜沧江（下游是湄公河）、黑龙江，也都在世界最长的十大河流之列。

中国陆地面积约与欧洲及美国相近，然而大河的数量却远远多于欧洲和美国。甚至面积为中国两倍多的北美洲，长度超过1000千米的大河条数也仅为中国的2/3。如果把中国的天然河流连接起来，总长度达43万千米，可绕地球赤道10圈半。中国的河流虽多，但在地区上分布很不均匀。一个地区河流的多少，常用河网密度表示（每平方公里面积内河流的总长度）。中国的河网密度总的趋势是南方大，北方小；东部大，西部小。中国东部地区的河网密度都在0.1千米/平方千米以上，而西部内陆区几乎都在0.1以下，而且有大片的无流区（即河网密度为零）。东部地区的南方和北方也相差很大，南方几乎都在0.5以上，长江和珠江三角洲是中国河网密度最大的地区，都在2.0以上，长江三角洲甚至高达6.7。北方的山地丘陵地区，河网密度一般在0.2～0.4，地势低平的松嫩平原、辽河平原和华北平原，一般都在0.05以下，甚至出现无流区。

水量丰沛是中国河流的又一突出特点。平均每年河川径流总量达26,000多亿立方米，在世界各国中居第五位。如果把全年的河川径流总量平铺在全国的土地上，将获得一个平均深度为275毫米的水层，这一深度称为径流深度，是表示河流水量丰富与否的一个重要标志。在世界上面积最大的5个国家中，中国的径流深度居第四位。

中国河流水量虽然丰沛，但年内分配很不均匀，随着季节的更替而有明显的变化。河川径流的季节变化，一般用某一季节的水量占全年总水量的百分数来表示。由于中国面积广大，各地区四季的起讫时间很不一致。为了便于比较，通常以12月至次年2月为冬季，3—5月为春季，6—8月为夏季，9—11月为秋季。

冬季是中国河川径流最为枯竭的季节，大部分地区冬季水量占全年总水量的10%以下，总的趋势是从南向北递减。春季是中国河川径流普遍增多的季节，但增长的程度相差悬殊。总的来讲是"二多二少"，即江南和东北多，华北和西南少。夏季是中国河川径流最丰盈的季节。由于东南和西南季风的影响，大部分地区降水量大增，但增加幅度是北方大于南方，西部大于东部。秋季是中国河川径流普遍减少的季节，大部分地区的河流水量，只有全年总水量的20%～30%，总的趋势仍是北方多于南方。

从上述中国河流各季径流的地区分布概况可以看出，夏季丰水，冬季枯水，春秋过渡，这是中国河流季节变化的基本特点。当然也有例外，例如江南丘陵和黄土高原的无定河流域，前者是春季占优势，后者是四季均匀，优势不明显。

一条干流及其支流组成的河网系统称为水系，如果有湖泊与河流相通，湖泊也应是水系的一部分。水系有各种各样的平面形态，不同的平面形态可以产生不同的水情，尤其对洪水的影响更为明显。水系主要受地形和地质构造的控制。由于中国地形多样，地质构造复杂，因此水系类型也多种多样。

树枝状水系是中国河流中最普遍的类型，多发育在岩性均一、地层平展的地区，以

▲中国的河流

黄土高原、四川盆地和华南丘陵的水系较为典型。珠江是中国树枝状水系的典型代表。这种水系因支流交错汇入干流,水流先汇入的先泄,后汇入的后泄,因此洪水不易集中,对干流威胁较小。

格子状水系在中国也不少见。因为中国东部有几条平行排列的褶皱构造带,河流沿构造带发育,使干支流之间多呈直角相会。例如在福建、浙江、广东等省和辽东丘陵、祁连山、天山等地都发育了许多格子状水系,其中闽江是典型的代表。

干流粗壮,支流短小且平行排列,从左右相间汇入干流的水系称羽状水系。例如西南纵谷地区的河流,干流沿断裂带发育,两岸流域狭小,地形陡峻,支流短小平行。

海河是中国典型的扇形水系。北运河、永定河、大清河、子牙河及南运河等五大支流在天津附近汇合后入海,庞大的支流构成了"扇面",汇合后的入海河道是短而粗的"扇柄"。这种水系使支流洪水集中,容易发生洪水灾害。扇形水系还广泛发育在中国许多山前洪积扇及三角洲平原上,不过它们与海河相反,是辐散型的,上游似扇柄,下游分支很多,好似扇面结构。

淮河是典型的不对称水系,干流偏于流域南部,南岸支流短小,控制的流域面积也很小;北岸支流长,且平行排列,控制的流域面积很大。这些平行的支流,又是中国较为典型的平行状水系,或称为梳状水系。

此外,在中国西部的藏北高原上,还有许多以内陆湖泊为中心的辐合状水系;在山东半岛、海南岛等地有受穹窿构造控制的辐射状水系。这两种水系在中国占的面积很小。

河川径流量的多寡是水利资源丰富与否的一个重要标志,有了丰富的水量,才有灌溉、发电、航运、工业及城市居民供水的条件。中国是世界上河流水量最多的国家之一，无疑水利资源是极其丰富的。

中国的水利资源虽然丰富，但是必须珍惜它，很好地利用它。水体是自然环境中的一个重要因素，它和其他要素有着密切的关系，如果开发不当，就会破坏自然环境中的平衡，产生各种各样的问题，甚至遭到惩罚。例如，对水体只利用不保护，就会造成严重污染，破坏生态平衡，危及人民健康。目前中国有些河流已经污染得相当严重，必须引起足够的重视。

中国的河流的类型

河流的补给条件是决定河川径流变化的主要因素，而补给条件又主要取决于气候因素的变化（降水、蒸发、气温等）。气候因素是在地区上有渐变规律的自然地理因子。因此，使河流水情在地区上也有一定的变化规律。也就是说，在一定地区范围内的河流，具有相类似的水文特性。以此可以根据河流补给条件来对中国的河流进行分类。考虑到中国雨水补给为主的河流很多，范围很广，因此在雨水补给中，又可对东南季风、西南季风和台风等产生的降雨加以区分。根据补给条件的不同，中国的河流可划分为下列八大类型：

第一类：东北地区以雨水补给为主，并有季节性冰雪融水补给的河流。主要包括黑龙江、松花江、鸭绿江、图们江和辽河的大部分支流。雨水补给约占年径流量的50%～70%，集中在夏季，形成夏汛；地下水补给约占20%～30%；季节性冰雪融水补给一般占10%～15%，形成春汛。具有夏汛和春汛是该类河流的主要特征。

第二类：华北地区以雨水或地下水补给为主，并有少量季节性冰雪融水补给的河流。主要包括黄河中下游、海河水系、淮河北岸支流及山东半岛各河。在本区内，地下水补给的比重从东向西逐渐增加，由以雨水补给为主，逐渐转为以地下水补给为主。例如华北平原雨水补给约占90%，太行山地区地下水补给增至30%～40%，山西和陕西境内的黄土高原地下水补给达40%～60%。

▼冰雪融水后的河流

第三类：内蒙古、新疆部分地区雨水补给的河流。主要指荒漠、草原地区内的

内陆河流。因气候干燥、蒸发和下渗强烈,只有遇到暴雨才能产生径流,因此多属季节性河流,除雨水补给外,几乎别无其他补给。

第四类:西北高山地区永久性冰雪融水或季节性冰雪融水补给及雨水补给的河流。包括阿尔泰山、天山、昆仑山及祁连山等高山地区的河流。除部分雨水补给外,永久性冰雪融水和季节性冰雪融水补给占有较大比重,并且有不少河流以这两种补给为主要水源。

▲雅鲁藏布大峡谷

第五类:华中地区以雨水补给为主的河流。主要包括长江中下游支流、珠江流域北部支流及淮河南岸支流。降雨主要受东南季风控制,梅雨显著。雨水补给约占70%~80%,其余是地下水补给。

第六类:东南沿海地区和岛屿有台风雨补给的河流。包括钱塘江、闽江、东江、北江、西江的中下游及沿海岛屿上的河流。雨水补给占绝对优势,其次得到少量的地下水补给。除在春末夏初东南季风带来的大量降雨形成春、夏汛外,夏末秋初台风带来的急骤暴雨可形成台风汛。双峰现象是其主要特征。

第七类:西南地区雨水补给为主的河流。包括怒江、澜沧江、金沙江下游支流、元江和西江上游支流。该地区受西南季风影响,雨季开始得晚,结束得迟,降雨量集中在夏秋两季,春季最为干旱。雨水补给约占60%~70%,地下水补给占30%~40%。

第八类:青藏高原地区永久性冰雪融水补给和地下水补给的河流。包括黄河、长江、澜沧江、怒江、雅鲁藏布江等河的上游支流。主要是以永久性冰雪融水补给为主,地下水补给也占一定的比重。

中国地域辽阔,河流情况复杂,要得出一种理想的分类是很困难的,不少学者和科研单位对中国河流的分类正在进一步探讨。上述河流分类,是中国科学院地理研究所等单位的研究成果,在这八大类中,还可再划分为许多亚类。

世界上最长的运河

中国的京杭大运河北起北京，南到杭州，纵贯北京、天津两市，流经河北、山东、江苏、浙江四省，沟通海河、黄河、淮河、长江、钱塘江五大水系，全长1794千米，是世界上最长的运河。一些著名运河如苏伊士运河，其长度只有它的1/10。京杭大运河不但是世界上最长的运河，其开凿的时间也极早。在公元前5世纪开凿，历史悠久又如此长的运河，堪称世界之最，举世公认这是中国古代人民创造的一大奇迹。

开凿大运河

早在春秋战国时期，吴王夫差为了北伐齐国，称霸中原，就在公元前485年起开凿邗沟，从邗城（今江苏扬州）东南到末口（今江苏淮安），沟通了长江和淮河两大水系，奠定了大运河的初基。这段运河的开凿至今已经有2400多年历史了。到了隋朝，隋文帝建都长安（今西安），由于供给京师的粮食主要靠黄河运输，而黄河上又有三门峡阻隔，运粮十分不便，京师的粮食供应有很大的困难。一遇荒年，京师军民就没有饭吃。公元594年，由于连续几年的荒年，隋文帝不得不带领京师军民到洛阳就食。大业元年（605年），隋炀帝当时已迁都洛阳，为了从外地调运粮食到京师，并到扬州看"琼花"，就征集几百万民工，开挖通济渠，使之南接邗沟。从长安到扬州沿渠修筑御道、离宫。同时还从洛阳附近开凿永济渠，连接卫河，通达天津，然后沿永定河通达北京。隋朝大业六年（610年）又拓宽浚深江南河，从京口（今江苏镇江）直达余杭（今杭州），两岸宽达十余丈，能通"龙舟"。至此，南北大运河全部开凿完成，成为中国历史上可与万里长城媲美的伟大工程。

在古代，大运河是全国南北的交通干道。为了维护国家的开支和满足统治者骄奢淫逸生活的需要，历代封建统治者每年都要从江南搜刮巨额粮米和财物，运到北方，历史上称为"漕运"。在唐朝，每年从大运河运到北方的粮食达200万石以上。到宋朝，增加到700万石。元朝建都北京以后，由于南宋以来经济中心南移，江南一带比中原的经济更为发达，因此元朝统治者更加仰赖江南粮米。元朝初期，漕运采用的办法是"水陆兼运，河海并漕"，大部分粮米依靠海运，小部分经由隋朝开凿的大运河转运。这条路线迂回曲折，航程漫长，十分费时费力，再加上运河年久失修，河道淤塞，航行困难，无法满足元朝统治者从江南运粮的需要。为了缩短航程，避免绕道洛阳，先后又开凿了

▼京杭大运河

▲通惠运河

济州河、会通河和通惠河。这样就形成了今天杭州直到北京的京杭大运河，里程比原来缩短了1000多千米。

大运河是古代劳动人民用智慧和血汗开凿出来的，但是，它却成了统治阶级榨取民脂民膏的吸血管。正如一首民谣里所唱的："运河水，长又长，千船万船运皇粮。漕米堆成仓，漕夫饿断肠。"

建国以后，大运河获得了新生。国家多次对大运河进行分段整治，大部分淤塞的河道都已恢复通航。在运河的南端杭州，完成了运河与钱塘江的沟通工程，使大运河航线延长了7千米，从此，大运河的船只可以直接进入钱塘江。

沿线地理与现状特征

京杭运河自北而南流经京、津两市和冀、鲁、苏、浙四省，贯通中国五大水系——海河、黄河、淮河、长江、钱塘江和一系列湖泊；从华北平原直达长江三角洲，地形平坦，河湖交织，沃野千里，自古是中国主要粮、棉、油、蚕桑、麻产区。人口稠密，农业集约化程度高，生产潜力大。

到了近代，京津、津浦、沪宁和沪杭铁路及公路网相继修建，与运河息息相通；沿线各地工业先后兴起，城镇密集，是中国精华荟萃之地。

京杭运河的流向、水源和排蓄条件在各段均不相同，非常复杂，流向总体概括为四个节点、五种流向：节点一，天津（海河）以北的通惠河、北运河向南流；节点一与节点二，东平湖之间的南运河、鲁北运河向北流；节点二与节点三，长江（清江）之间的鲁南运河、中运河、里运河向南流；节点三与节点四，长江以南的丹阳之间河段向北流；丹阳以南河段（江南运河）向南流。

通惠运河。历史性通航河道。由于清末实行"停漕改折"政策和20世纪以来铁路、公路交通发展，货物转为陆运，加之水源不足，航道失修，至50年代初期，仅有少量船只作间歇性通航。

北运河。长约180千米，集水面积5.11万平方千米，由天津注入海河。

南运河。又名御河，长414千米。四女寺至临清段称卫运河，长94千米。天津至四女寺段航道窄狭弯曲，底宽 15～30 米，水深约 1 米，建有杨柳青、独流、北陈屯、安陵 4 座船闸，可通航 100 吨级船舶。由于上游水库拦蓄，两岸农田灌溉，加之年久失修，现已处于断航状态。卫运河底宽 30 米，水深约 10 米，建有四女寺、祝官屯船闸，可通航 100 吨级船舶。由于上游岳城水库畜水，截走水源，尤当卫运河扩大治理后，航道情况骤然恶化。

▲南运河

鲁北运河。也称位山、临清运河，原河段已淤塞。1958 年另选新线，长 104 千米，但未开挖。1960～1968 年，根据引黄输水要求，开挖了周店至尚店 76 千米渠道，两头河段尚未开挖。

鲁南运河。国那里至梁山段称东平湖湖西航道，长 20 千米，1968 年虽经疏浚整治，但河道严重淤积，水深不足，尚不能通航。梁山至南旺段长 33.8 千米，枯水期航道水深 0.5 米，每年可通航 6 个月，为季节性航道。南旺至济宁段长 27.1 千米，底宽 15 米，枯水期水深 0.5 米，每年仅通航 6 个月，为季节性航道。济宁至二级坝段长 78.1 千米，航道顺直，枯水期水深 1 米以上，底宽 50 米，可通航 100 吨级船舶。

中运河。二级坝至大王庙段原来是走韩庄、台儿庄一线。1958 年在江苏省境内新辟南四湖湖西航道及不牢河河段，使河道经徐州市北郊通过，至大王庙与中运河汇合。大王庙至淮阴段仍循原来河道南下，长 163 千米。徐州以下河段，经近年分段拓宽，航道一般底宽 45～60 米，水深 3 米以上，已可通航 500～700 吨级以上拖带船队。是为徐州煤炭南运主要线路。

里运河。全长 169 千米，其入江口原在瓜州，1958 年改至六圩入江。近年屡经整治，航道底宽一般达 70 米，水深 3 米以上，可通航 1000 吨级拖带船队。年运货量 1500 万吨左右。

▼整治后的中运河新貌

江南运河。自长江南岸谏壁口经丹阳、常州、无锡、苏州、平望至杭州。其中，平望至杭州有 3 条航线，即东、中、西线，如以东线计算，全长 323.8 千米，大部分底宽 20 米，水深 2 米，一般可通航 40～100 吨级船舶，年货运量达 1600 余万吨。

中国第一大江——长江

长江是中国第一大河，亚洲第一长河，世界第三长河。中国第一大河长江，又名扬子江，古时也称为大江。它发源于青藏高原唐古拉山主峰各拉丹冬雪山，开始奔流向南，随后曲折东流，一泻千里，最后流入浩瀚的东海。长江全长6300千米，整个流域面积超过180万余平方千米，几乎占中国国土总面积的五分之一。

长江的源头

长江，中国古代称作"江"，也叫"大江"。在不同的地区，有不同的名称。很早以来，人们就一直在寻觅它的源头，限于当时的各种条件，始终无法弄清、中国著名古籍《尚书·禹贡》曾把发源于岷山的嘉陵江、岷江当作长江上源，所以有着"岷山导江""江源于岷"的说法。

直到明代，中国著名地理学家徐霞客，溯金沙江而上，进行实地考察，发现金沙江是长江的上源，并写了《江源考》一书，推翻了过去"岷山导江""江源于岷"的错误说法，把长江的发源地大大地向前推进了一步。但他未能继续沿金沙江上溯，也没有找到长江的真正发源地。到了清代，即17世纪中叶，人们对长江上游的水系有了进一步认识，当时实地查看绘制的地图中，已绘出通天河、木鲁乌苏等河流，

▲明代著名地理学家和大旅行家徐霞客

但对江源的认识还比较模糊。公元1720年，清朝皇帝康熙派专使探查黄河上源的同时，顺便考察了通天河上游。看到巴颜喀拉山南麓河流众多，密如蛛网，无法肯定哪一条河是正源，只好笼统地说："江源如寻，分散甚阔"。

真正认识长江源头，还在新中国成立以后，1956年8月，由长江水利委员会组织人力到长江源头的曲麻莱等地实地查勘，发现长江分南北二源：南源为木鲁乌苏河，发源于唐古拉山北麓，

▼各拉丹东冰川

北源为楚玛尔河，发源于可可西里山南麓。虽比过去大大前进了一步，但仍未找到真正的发源地。1977 年，由长江流域规划办公室等单位组织的江源考察队，再次来到长江源头地区，结果发现长江的真正源头是在青海省唐古拉山北麓的各拉丹冬冰峰下，它的正源是沱沱河。这是有史以来第一次查明长江的真正发源地。

江源地区，海拔 6000 米以上的雪山就有 40 多座。气温低，四季如冬。年降水量 200～400 毫米，且以降雪为主。7 月份的平均气温低于 0℃，只有白天在太阳的强烈辐射之下，气温才能达到 0℃以上，冰雪融水形成的涓涓细流就成为长江的最初水源。

长江的干流

长江由河源到河口横跨中国地形上的三级巨大阶梯，穿过不同的地质构造和岩层，沿途接纳支流的汇入，对长江的河谷形态和水流特性产生不同的影响。按水文、地貌特点把干流划分为上、中、下游 3 段：从河源至宜昌市为上游段，宜昌市至湖口为中游段，湖口以下为下游段。

上游段。上游河段横跨两个地形阶梯。长 4529 千米，占长江长度 72.0%。流域面积 100.6 万平方千米，占流域面积的 55.6%。上游的沱沱河和通天河（从囊极巴陇至巴塘河口），河流流行于第一阶梯——青藏高原腹地内。因在高原顶部，河谷开阔，河槽宽浅，一般河宽 300～1700 米，河道蜿蜒曲折，水流缓慢散乱，汊流很多。从巴塘河口到宜宾称金沙江，是第一至第二阶梯的过渡地段，这里地形突变，山高谷深，除局部河段为宽谷外，河流穿行于峡谷之中，比降大，河水湍急。到云南石鼓以下，突然转向东北流，著名的虎跳峡就在石鼓以下 35 千米的地方。峡长 16 千米，最窄处仅 30 米。出虎跳峡后，穿越云贵高原北部，到四川省新市镇以下进入第二级阶梯，在宜宾附近汇集了岷江之后，才称长江。自宜宾以下至宜昌之间长 1030 千米，习惯上称川江。河道蜿蜒于四川盆地之内，河床平缓，沿途接纳沱江、嘉陵江和乌江等众多支流，水量大增，江面展宽。过奉节白帝城，长江穿行在第二阶梯至第三阶梯的过渡地段，切过七岳、巫山和黄陵 3 个背斜，两个向斜，形成举世闻名的长江三峡（瞿塘峡、巫峡、西陵峡），长约 200 千米，峡谷与宽谷相间排列。

中游段。长江出三峡从宜昌以下，进入第三级阶梯的长江中下游平原，江面展宽，水流缓慢，河道弯曲。长 927 千米，占长江长度 14.7%。流域面积 67.9 万平方千米，占流域面积 37.6%。其中，从湖北的枝城到湖南城陵矶一段，长约 420 千米，因古代为荆州地区，所以取名为荆江。荆江又分为上荆江（枝城至藕池口）和下荆江（藕池口至城陵矶）两段。下荆江河湾发育，素有"九曲回肠"之称。中游两岸湖泊众多，江湖相通，构成庞大的洞庭湖和鄱阳湖两大水系。长江接纳两大水系以及直接入江的支流来水后，水量猛增一倍以上。湖口以下进入下游段。

下游段。水深江宽，从湖口到入海口，长 844 千米，占长江长度 13.3%。流域面积 12.3 万平方千米，占流域面积的 6.8%。江苏省扬州、镇江一带的长江干流又称扬子江。

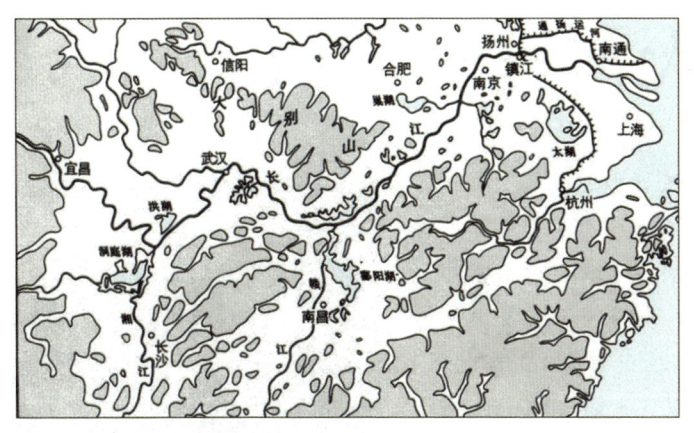

▲长江中下游平原示意图

得名于这一带古代有扬子津和扬子县,现在外国人常用扬子江这一名称泛指整个长江。在大通以下受潮汐影响,进入长江口的平均潮流量达26.6万立方米/秒,是长江多年平均入海流量的8.8倍。在一般情况下,一次进潮总量约为32.5亿立方米,大潮时可达45亿立方米。由于海水倒灌,使江水流速减缓,所携带的泥沙便在下游河段,尤其是靠近河口段沉积下来,因此,在江心形成了数十个大小不一的沙洲,其中最大的是崇明岛。

黄金水道

长江江阔水深,是中国南方的交通大动脉,素有"黄金水道"之称。现在长江的干支流的通航里程已达9.6兆米,可绕地球两圈半;年货运量约占全国河流总运输量的70%。

长江是中国主要的运输河流,客货运输密集。长江是海路的延续,将内陆和沿海的港口与其他主要城市连成一个运输网,其中南京、武汉与重庆具主要作用。长江通过大运河与可通航的黄河及渭水相通,大运河还与杭州及天津的海港联系在一起。

由于中国经济的持续快速发展,加之长江沿线的航道不断得到整治,进入21世纪,长江航运迅猛发展。2005年,长江干线货运量达7.95亿吨,超过欧洲的莱茵河和美国的密西西比河,成为世界上运量最大、航运最繁忙的通航河流。2006年,长江干线货运量增至9.9亿吨,2007年一举突破10亿吨大关,达到11.23亿吨,是密西西比河货运量的2倍和莱茵河货运量的3倍。目前,5000吨级船舶和万吨级船队可全年上行至武汉,2000吨船舶可达宜昌,但只有较小的船舶才可到达四川的宜宾。

有的专家认为,长江干线航运若完全开发,运能应该在30亿吨,至少相当于10条京广铁路的运输能力,换言之,长江的运能尚有60%亟待开发。

▼长江黄金水道

中国第一大河——黄河

黄河，全长5600千米，流域面积752,443平方千米，是中国境内仅次于长江的河流，它发源于青海省巴颜喀拉山，呈"几"字形流经青海、四川、甘肃、宁夏、内蒙古、陕西、山西、河南及山东九个省、自治区。由于河流中段流经中国黄土高原地区，因此夹带了大量的泥沙，所以它也被称为世界上含沙量最多的河流。但是在中国历史上，黄河沿河流域的人类文明带来很大的影响，是中华民族最主要的发祥地之一，所以中国人一般称其为"母亲河"。

▲黄河源头的卫星图像

黄河的源头

黄河发源在哪里？历史上有多种说法。《山海经》中记载："昆仑之丘……河水出焉"。但"昆仑"在哪里，当时并不清楚，不过"河出昆仑"却长期被人们深信不疑。李白就曾有"黄河西来决昆仑，咆哮万里触龙门"的诗句。

公元1280年11月4日，元世祖忽必烈派都实带领一队人马到黄河源进行正式勘察和研究。都实一行经过几个月的跋涉，到达了星宿海，认为这里就是黄河之源。后来，清代的康熙皇帝也派人考察河源，他们也只到了星宿海，虽已发现星宿海的水还有三条河作为上源，但未追到源头。直到康熙末年组织全面的地形测量，才把星宿海以上的河源也勘查、绘制出来。这三条河分别叫卡日曲、玛曲（约古宗列曲）和扎曲，究竟将哪

▼大渡河局部图，在大渡河建高坝水库，通过引水工程自流或提水入黄河

一条河流认定为黄河的正源,至今还是一个有争议的问题。北边的扎曲水量小,没有人认为它是黄河的正源,争议主要在玛曲和卡日曲之间。

1952年,黄河水利委员会组织黄河河源查勘队,进行了黄河河源及从通天河调水入黄可能性的查勘,历时4个月,经查考历史文献,访问当地牧民,并实地测量,确认历史上所指的玛曲是黄河正源。1978年黄河水利委员会南水

▲中国的母亲河——黄河

北调查勘队、南京地理研究所和南京大学地理系湖泊查勘队,再次对河源地区进行调查研究。与此同时,青海省人民政府和青海省军区邀请有关单位组成考察组,进行了为期一个月的考察,提出了将卡日曲作为河源的建议。1985年黄河水利委员会根据历史传统和各家意见,确定玛曲为河源正源,并在约古宗列盆地西南隅的玛曲曲果,东经95°59′24″、北纬35°01′18″处,树立了河源标志。

河流分段

黄河上、中、下游的分界有多种说法。这里主要介绍黄河水利委员会的划分方案。

上游

内蒙古托克托县河口镇以上的黄河河段为黄河上游。上游河段全长3472千米,流域面积38.6万平方千米,流域面积占全黄河总量的51.3%。上游河段总落差3496米,平均比降为10‰;河段汇入的较大支流(流域面积1000平方千米以上)43条,径流量占全河的54%;上游河段年来沙量只占全河年来沙量的8%,水多沙少,是黄河的清水来源。上游河道受阿尼玛卿山、西倾山、青海南山的控制而呈S形弯曲。黄河上游根据河道特性的不同,又可分为河源段、峡谷段和冲积平原三部分。

▼黄河上游,一些少数民族习惯把剥下的整羊皮用羊皮绳扎紧四肢和头尾部,往皮囊里灌满气,几只到十几只绑在一起,加上几块木板打造成一架羊皮筏

从青海卡日曲至青海贵德龙羊峡以上部分为河源段。河源段从卡日曲始,经星宿海、扎陵湖、鄂陵湖到玛多,绕过阿尼玛卿山和西倾山,穿过龙羊峡到达青海贵德。该段河流大部分流经于三四千米的高原上,河流曲折迂回,两岸多为湖泊、沼泽、草滩,水质较清,水流稳定,产水量大。河段内有扎陵湖、

▲黄河上游

鄂陵湖，两湖海拔高程都在 4260 米以上，蓄水量分别为 47 亿立方米和 108 亿立方米，后者为中国最大的高原淡水湖。青海玛多至甘肃玛曲区间，黄河流经巴颜喀拉山与阿尼玛卿山之间的古盆地和低山丘陵，大部分河段河谷宽阔，间或有几段峡谷。甘肃玛曲至青海贵德龙羊峡区间，黄河流经高山峡谷，水流湍急，水力资源丰富。发源于四川岷山的支流白河、黑河在该段内汇入黄河。

从青海龙羊峡到宁夏青铜峡部分为峡谷段。该段河道流经山地丘陵，因岩石性质的不同，形成峡谷和宽谷相间的形势：在坚硬的片麻岩、花岗岩及南山系变质岩地段形成峡谷，在疏松的砂页岩、红色岩系地段形成宽谷。该段有龙羊峡、积石峡、刘家峡、八盘峡、青铜峡等 20 个峡谷，峡谷两岸均为悬崖峭壁，河床狭窄、河道比降大、水流湍急。该段贵德至兰州间，是黄河三个支流集中区段之一，有洮河、湟水等重要支流汇入，使黄河水量大增。龙羊峡至宁夏下河沿的干流河段是黄河水力资源的"富矿"区，也是中国重点开发建设的水电基地之一。

从宁夏青铜峡至内蒙古托克托县河口镇部分为冲积平原段。黄河出青铜峡后，沿鄂尔多斯高原的西北边界向东北方向流动，然后向东直抵河口镇。沿河所经区域大部为荒漠和荒漠草原，基本无支流注入，干流河床平缓，水流缓慢，两岸有大片冲积平原，即著名的银川平原与河套平原。沿河平原不同程度地存在洪水和凌汛灾害。河套平原西起宁夏下河沿，东至内蒙古河口镇，长达 900 千米，宽 30～50 千米，是著名的引黄灌区，灌溉历史悠久，自古有"黄河百害，唯富一套"的说法。

中游

内蒙古托克托县河口镇至河南郑州桃花峪间的黄河河段为黄河中游，河长 1206 千米，流域面积 34.4 万平方千米，占全流域面积的 45.7%；中游河段总落差 890 米，平均比降 0.74‰；河段内汇入较大支流 30 条；区间增加的水量占黄河水量的 42.5%，增加沙量占全黄河沙量的 92%，为黄河泥沙的主要来源。

河口镇至禹门口是黄河干流上最长的一段连续峡谷——晋陕峡谷，河段内支流绝大部分流经黄土丘陵沟壑区，水土流失严重，是黄河粗泥沙的主要来源，全河多年年均输沙量16亿吨中有9亿吨来源于此区间；该河段比降很大，水力资源丰富，是黄河第二大水电基地；峡谷下段有著名的壶口瀑布，深槽宽仅30～50米，枯水水面落差约18米，气势宏伟壮观。

禹门口至三门峡区间，黄河流经汾渭平原，河谷展宽，水流缓慢。河段两岸为渭北及晋南黄

▲黄河峡谷地段蕴藏着丰富的水资源

土台塬，是陕、晋两省的重要农业区。该河段接纳了汾河、洛河、泾河、渭河、伊洛河、沁河等重要支流，是黄河下游泥沙的主要来源之一，多年年均来沙量5.5亿吨。该河段在禹门口至潼关（即黄河小北干流）的132.5千米河道，冲淤变化剧烈，河道左右摆动很不稳定。该河段在潼关附近受山岭约束，河谷骤然缩窄，形成宽仅1000余米的天然卡口，潼关河床的高低与黄河小北干流、渭河下游河道的冲淤变化有密切关系，故此有"潼关高程"这一水文术语。

三门峡至桃花峪区间的河段由小浪底而分为两部分：小浪底以上，河道穿行于中条山、崤山之间，为黄河干流上的最后一段峡谷；小浪底以下，河谷渐宽，是黄河由山区进入平原的过渡地段。

下游

河南郑州桃花峪以下的黄河河段为黄河下游，河长786千米，流域面积仅2.3万平方千米，占全流域面积的3%；下游河段总落差93.6米，平均比降0.12‰；区间增加的水量占黄河水量的3.5%。由于黄河泥沙量大，下游河段长期淤积形成举世闻名的"地上悬河"，黄河约束在大堤内成为海河流域与淮河流域的分水岭。除大汶河由东平湖汇入外，本河段无较大支流汇入。

下游河段除南岸东平湖至济南间为低山丘陵外，其余全靠堤防挡水，堤防总长1400余千米。历史上，下游河段决口泛滥频繁，给中华民族来了深重的灾难。由于黄河下游由西南向东北流动，冬季北部的河段先行结冰，从而形成凌汛。凌汛易于导致冰坝堵塞，造成堤防决溢，威胁也很严重。

▼黄河下游河道

下游河段利津以下为黄河河口段。黄河入海口因泥沙淤积，不断延伸摆动。目前黄河的入海口位于渤海湾与莱州湾交会处，是1976年人工改道后经清水沟淤积塑造的新河道。最近40年间，黄河输送至河口地区的泥沙平均约为10亿吨／年，每年平均净造陆地25至30平方千米。

中国的湖泊

众多的湖泊

中国湖泊众多，共有湖泊24,800多个，其中面积在1平方千米以上的天然湖泊就有2800多个。湖泊数量虽然很多，但在地区分布上很不均匀。总的来说，东部季风区，特别是长江中下游地区，分布着中国最大的淡水湖群；西部以青藏高原湖泊较为集中，多为内陆咸水湖。

主要湖泊

湖名	所在省区	面积（平方千米）	湖面高程（米）
青海湖	青海	4583	3196
鄱阳湖	江西	3583	21
洞庭湖	湖南	2740	33.5
太 湖	江苏	2425	3.1
呼伦池	内蒙古	2315	545.5
洪泽湖	江苏	1960	12.3
纳木错	西藏	1940	4718
色林错	西藏	1640	4530
南四湖	山东	1266	35.5～37.0
博斯腾湖	新疆	1019	1048

外流区域的湖泊都与外流河相通，湖水能流进也能排出，含盐分少，称为淡水湖，也称排水湖。中国著名的淡水湖有鄱阳湖、洞庭湖、太湖、洪泽湖、巢湖等。

内流区域的湖泊大多为内流河的归宿，湖水只能流进，不能流出，又因蒸发旺盛，盐分较多形成咸水湖，也称非排水湖，如中国最大的湖泊青海湖以及海拔较高的纳木错湖等。

中国的湖泊按成因有河迹湖（如湖北境内长江沿岸的湖泊）、海迹湖（如西湖）、溶蚀湖（如云贵高原区石灰岩溶蚀所形成的湖泊）、冰蚀湖（如青藏高原区的一些湖泊）、构造湖（如青海湖、鄱阳湖、洞庭湖、

▼青海湖滨，青海湖是中国最大的内陆咸水湖，湖水澄澈碧蓝，被称为"青色的湖泊"，也是多种候鸟繁殖生息的理想之地

▲美丽的青海湖，湖的周围雪山连绵起伏

滇池等）、火口湖（如长白山天池）、堰塞湖（如镜泊湖）等。

青海湖——中国最大的湖泊

青海湖——中国最大的湖泊，位于青海省东北部。它像一面银光闪闪的大镜子，高悬在海拔 3179 米的山上，周围有大通山、日月山和青海南山三山环抱，布哈河自西北注入湖中。

青海湖水天一色，波光潋滟，流云雁影倒映湖中，风光十分迷人。汉族人民给它取名为"青海湖"，既说明了湖水的颜色，又反映了湖区之大。蒙古族人民管它叫"库库诺尔"，藏族人民称它为"错温布"，都是青色的湖的意思。青海省也由此湖得名。

青海湖中有个大名鼎鼎的鸟岛。这里水草丰美，生态环境保持较好，吸引了大批候鸟来此栖息。这些鸟不远万里，从印度次大陆、马来半岛出发，分别越过高高的喜马拉雅山脉及横断山脉，来到这里生儿育女。这里已被划为青海湖鸟岛自然保护区。

离鸟岛不远处还有一个蛋岛。蛋岛的面积更小，只有 110 平方米，上面分散地摊放着一个个的鸟蛋。

又咸又苦、冰期又长的青海湖，是西北地区的水产基地。这里出产的一种湟鱼，遍体无鳞，又称青海湖裸鲤。它肉质细嫩，最大的可长到 10 多千克。

青海湖的水源不足，蒸发量又大，湖泊的水位已比原来下降了 100 多米，面积小了 1/3 以上，而且还在不断缩小中。

鄱阳湖——中国的第一大淡水湖

鄱阳湖是中国的第一大淡水湖，位于江西省北部。鄱阳湖水系东邻钱塘江水系，南邻闽江、珠江水系，西邻洞庭湖水系，北邻长江干流，流域面积约占长江流域面积的9%。鄱阳湖为吞吐型湖泊，汛期蓄水，枯水季节吐水，对洪水有较大的调蓄作用。

鄱阳湖滨湖平原土壤肥沃，是中国重要的农业产区，以产水稻为主，并盛产棉花、油料、茶叶和柑橘。鄱阳湖水产资源丰富，盛产鱼虾、贝类，是各类候鸟的越冬地，已被确定为自然保护区。

▲鄱阳湖湖州湿地广阔，水清草美花香，鱼虾螺蚌丰富，且冬季不冻，因而成为大批珍禽候鸟的栖息地

洞庭湖——中国第二大淡水湖

洞庭湖——中国第二大淡水湖，位于湖南省北部、长江南岸，是长江中游的重要调蓄湖泊。洞庭湖平原区是中国重要的商品农业基地，水产、森林资源丰富。洞庭湖流域水系航运发达，各处河流形成以洞庭湖为纽带的水运网，全流域通航里程达1.66万千米。

洞庭湖经历着由小到大、再由大到小的演变过程。春秋时期（公元前770年～公元前476年），在君山附近有个原称巴丘湖的小湖泊，长江洪水期间，与一江之隔的云梦泽相连。由于江湖水关系的变化和人类活动的影响，云梦泽不断缩小，迫使长江水更多地进入巴丘湖，湖面不断增加，至18世纪20年代，湖面扩大到约6000平方千米，世称"八百里洞庭"。以后，随着长江和其他河流夹带的泥沙入湖沉积，以及人类不恰当地围湖垦殖，湖面和容积逐渐缩小。"八百里洞庭"现在仅仅剩下2600多平方千米了。

▼洞庭湖壮丽的景色，八百里洞庭在阳光照耀下熠熠闪光

中国的沼泽

沼泽是在多水条件下形成的,但它既不同于湖泊,也不同于盐碱湿地,是一种特殊的自然综合体。从土地资源来看,是一种土地类型。这类土地在古代就引起人们的注意,称沮泽,指水草所聚之地。根据沼泽的景观特征,各地劳动人民又给予它各种名称,如塔头甸子、漂筏甸子、苇塘、草海等等。

中国沼泽的分布规律

中国地域辽阔,自然条件复杂,沼泽分布广泛,据初步统计,沼泽面积约1.7亿亩,相当于浙江或江苏省的面积,中国现代沼泽总的分布规律是:北部多于南部。

我们知道,冷湿气候是形成沼泽的最有利条件。北半球是世界沼泽最多的地区,主要是亚欧大陆和北美大陆的大部分地区位于寒带和温带的缘故。中国南北跨49个纬度,包括寒温带、温带、暖温带、亚热带和热带,沼泽的分布与此相适应,呈现由北向南减少的趋势。以东北地区来说,为湿润半湿润气候,是中国沼泽分布最多的地区,但南北仍有明显的差异。最北部的黑龙江省,从气候来看是中国最寒冷的地区,特别是大兴安岭北段已属寒温带,沼泽分布面积大,山地发育了大量泥炭沼泽,广大平原发育了大片无泥炭的潜育沼泽,总面积达5000多万亩。辽宁省大部分地区属暖温带,沼泽主要分布在沿海各河口,东部山地也有分布,共200多万亩。居于东北地区中部的吉林省位于温带,除了长白山地区有泥炭沼泽分布外,松嫩平原也有大片无泥炭的潜育沼泽,面积有400多万亩。尽管东北地区三面环山,中间为向渤海敞开的大平原,三省地貌条件基本相似,但南北气候的差异,仍是导致沼泽面积由北向南递减的重要因素。至于中国南方热带、亚热带地区的沼泽,比东北地区就更少了。

东部湿润气候区多于内陆干燥区。

中国位于亚欧大陆和太平洋之间,海陆物理性质不同所导致的地表热量状况的不同,使冬夏季节在大陆和海洋形成不同的温压场,产生了明显的季风环流,除了受青藏高原阻挡的西北内陆地区外,绝大部分地区都在季风控制之下,形成典型的大陆季风气候。夏季风源源不断地把海洋上的湿润空气吹向大陆,使中国的降水量由东南向西北逐渐减少,形成湿润、半湿润、半干旱和干旱的气候区。这种沿经向的气候特征,也制约了沼泽的分布状况,使中国东部湿润、半湿润气候区发育了大面积的潜育沼泽,如东北地区的三江平原、松嫩平原、辽河下游平原、海河中下游洼地、

▼蓬勃生动的沼泽湿地

江苏北部的里下河地区，以及长江中下游的湖滨洼地，都是大片沼泽分布区。大小兴安岭、长白山地则发育了大量的泥炭沼泽。零星分布的沼泽在平原和其他山地也有分布。如江西省南昌附近的西山、湖南省的武功山等地，甚至发育了苔草－泥炭藓沼泽。需要说明的是，本区人烟稠密，开发历史较久，许多沼泽已被改造利用，如江汉平原、洞庭湖平原、杭嘉湖平原，过去都是水乡泽国，如今已被劳动人民开发改造成鱼米之乡了。

中国西部地区季风影响渐弱，降水量减少，形成半干旱、干旱气候，除了山地受地形影响，气温低，降水稍多，形成冷湿气候，发育一定面积的沼泽外，广大的内陆盆地沼泽发育很少，有些地方虽然地下水位高，但强烈的蒸发作用使盐分聚集地表，大多形成少有植物生长的盐沼，只在盆地周围受冰雪融水补给形成的山麓地下水溢出带，有断续分布的沼泽，面积很小。另外，在个别河流的滩地，以及有河流汇入的湖泊周围，也有少量沼泽分布。如博斯腾湖西部小湖区的芦苇沼泽和塔城南部额敏河的南湖芦苇沼泽，是新疆境内较大的沼泽区。

山地高原多泥炭沼泽，平原多潜育沼泽。

沼泽中有无泥炭的形成和累积，取决于植物生长量和分解量的对比关系。如果每年增长的有机物质大于分解的数量，沼泽植物残体就会逐渐累积而形成泥炭，反之，就不能形成泥炭。众所周知，水热条件不仅制约植物生长量，也制约植物的分解过程。有机体的分解，主要是微生物活动的结果。山地高原多发育泥炭沼泽，主要是因地势高形成的冷湿

▲沼泽地常年积水或土壤过于湿润

气候，抑制了土壤微生物活动所致。

中国是一个地形复杂的国家，总的地势西高东低，从东部沿海低平原到世界屋脊的青藏高原，形成3个阶梯：平原、高原、山原。在此基础上，又分布着纵横交错的山脉。这些山脉和高原对中国的气候影响很大，同时本身又形成高寒、多雨、冷湿的气候，因此泥炭沼泽在切割微弱的山地、高原得到了广泛发育。

在西藏东部的那曲、拉萨河上游，以及高原宽谷、湖滨等排水不良的地方，都有不少泥炭沼泽。青海湖湖滨、黄河源鄂陵湖以西的星宿海地区、甘肃南部的玛曲，以及云贵高原，也有大片泥炭沼泽分布。此外，新疆阿尔泰山、天山都有零星分布的泥炭沼泽。

广大平原区，由于气温高，蒸发旺盛，水分不够稳定，微生物活动强烈，尽管植物生长量较大，但分解能力较强，沼泽植物不易累积，发育了没有泥炭的潜育沼泽。如三江平原位于中国比较湿润的地区，但夏季土壤和空气的温度经常在20～30℃之间，季节降水分配不均，年际变化大，所以旱年与涝年的降水量相差悬殊。而本区沼泽水源补

给主要靠地表径流和大气降水，在连续少雨年份，沼泽积水消失，土壤含水量减少，嫌气环境遭到破坏，微生物活动强烈，使植物残体分解。因此，三江平原的沼泽大部分无泥炭积累，地表仅覆盖着20～30厘米厚的草根层，下部为10～20厘米的黑色腐殖泥层，再下为蓝灰或灰色潜育层。只有地下水稳定补给的沼泽和一些常年积水的深洼地上发育的沼泽有泥炭累积，但面积小而分布零散。松嫩平原、华北平原以及长江中下游平原发育的沼泽，也都是无泥炭的潜育沼泽。

▲三江平原

总之，受地域分异规律的影响，中国现代沼泽的区域分布是不平衡的。目前，比较集中分布的区域是东北地区，面积广，类型多，泥炭沼泽和潜育沼泽都有。其次是西南高原区，主要是青藏高原、云贵高原，以泥炭沼泽为主。广大的东部平原和沿海地带多为潜育沼泽。过去面积较大，经过长期的开发，特别是近年来的改造治理，沼泽面积已大大减少了。

中国的主要沼泽区

三江平原。以潜育沼泽为主。集中分布于别拉洪河、浓江的河漫滩及阶地上的低洼地，挠力河、七星河、穆棱河、阿布沁河和七虎林河中下游，萝北水城子古河道区及兴凯湖滩地。沼泽总面积为106万多公顷。该区沼泽又可划分为苔草沼泽、芦苇沼泽和苔草、小叶章沼泽。苔草沼泽又包括毛果苔草、漂筏苔草、乌拉苔草和灰脉苔草沼泽等。

大兴安岭和小兴安岭山区。以泥炭沼泽为多，并有中国其他地区少见的贫营养和中营养沼泽，泥炭层厚度多在1米以下。一般分布在沟谷、缓坡坡麓和较平坦的分水岭。

▼若尔盖高原沼泽湿地

▲阿尔泰山风貌

大兴安岭以绰儿河为界,北段多于南段,东坡多于西坡。小兴安岭沼泽在北坡的沾河上游、库尔滨河上游和南坡的汤旺河上游及分水岭附近较多。主要类型有兴安落叶松、杜香、泥炭藓沼泽,柴桦、苔草沼泽,紫桦—笃斯越橘、泥炭藓沼泽和苔草、小叶章沼泽等。

长白山地。以泥炭沼泽为多。泥炭层厚度一般为0.5～2米,最厚达13米。沼泽类型因所处的地貌部位而异。熔岩台地上的洼地有黄花落叶松、泥炭藓沼泽和落叶松、苔草沼泽;低山丘陵区的沟谷多乌拉苔草、灰脉苔草沼泽;宽谷河漫滩多苔草、小叶章沼泽。

若尔盖高原沼泽区。是中国最大的泥炭沼泽集中分布区。属四川省阿坝藏族自治州若尔盖和红原两县。全区沼泽总面积近30万公顷。泥炭层覆盖几遍及谷底、阶地与湖滨,而且不同源地形成的泥炭沼泽已相互联结,形成了许多巨大的复合沼泽体。泥炭层的厚度一般为2～3米,最厚可达9～10米。主要沼泽类型有木里苔草、藏嵩草沼泽,眼子菜沼泽,毛里苔草、睡菜沼泽等。青藏高原的西南部,沼泽主要分布在雅鲁藏布江中上游及其支流谷地,冈底斯山—念青唐古拉山南麓的洪积扇缘、冰碛洼地与山间盆地,怒江河源区及一些湖泊的周围。藏北多潜育沼泽,藏南多泥炭沼泽。在海拔5200米高度上尚发现有泥炭的堆积。主要沼泽类型有藏北嵩草、华扁穗草沼泽,芒尖苔草沼泽,芦苇沼泽和杉叶藻沼泽等。

此外,在新疆的天山南北麓和山间盆、谷地及阿尔泰山一带、甘肃南部、云贵高原等地区也有沼泽分布,在一些湖泊的周围,常有芦苇沼泽,其中,以洞庭湖和博斯腾湖滨的芦苇沼泽面积为最大。在海滨分布有芦苇沼泽和红树林沼泽。

▼阿尔泰山冬景

第七章
中国的区域特征与区域差异

中国国土辽阔,区域差异大。在自然环境方面,中国形成了特点各异的四大自然区。每个自然区内部,也具有十分明显的区域差异。自然环境的区域差异,对各地区人们的生产和生活具有深刻的影响。在经济方面,中国存在东部、中部、西部三大经济发展地带,每个经济地带内部,经济发展水平的区域差异也很大。各地区经济发展水平不同,人类活动对自然环境施加的影响也不同。显著的区域差异,使不同地区具有不同的发展基础和发展水平,从而形成了中国国土整治和区域发展的基本格局。

中国南北地理分界线

区分中国南方、北方的地理分界线在历史上存在两种说法：第一，以秦岭、淮河为界分南北。这是因为淮河是中国境内最南的一条在冬天会冻结的河流。第二，明清时期，不少学者主张以长江作为区分南方、北方的分界线。两个说法各有根据，前者以自然地理特征为重，后者以人文地理因素为重。从地理和一般意义上常指第一种分界方法。

秦岭—淮河一线

秦岭—淮河一线，就是我们常说的中国南北地理分界线，此线南北，无论是自然条件、农业生产方式，还是地理风貌以及人民的生活习俗，都有明显的不同。

秦岭—淮河一线是中国 800 毫米等降水量线，传统意义上南北方分界线，水田旱地分布分界线，一月份 0 度等温线，水稻小麦种植分界线，亚热带与暖温带的分界线，温带落叶阔叶林和亚热带常绿阔叶林的分界线，湿润与半湿润的分界线，亚热季风气候与温带季风气候的分界线。

秦淮以北的大部分地区，河湖冬季结冰，每当冬季来临，北风呼啸，大部分的树会落叶，不落叶的树叶多呈针状，叫做针叶树。由于北方地区年降水量较少，降水多集中在夏季，所以河流的水量不大，水位变化大，只有夏季才形成汛期，时间也比较短，河流的含沙量较大。而在秦淮以南地区则正好相反，冬季不结冰，树木不落叶，一年四季常绿。河流的水量较大，水位变化不大，汛期时间长，河水含沙量较小。

▼中国秦岭局部图

从农业生产及人们生活习俗来看，秦淮南北的差异就更明显。北方耕地为旱地，主要作物为小麦和杂粮，一年两熟或两年三熟；南方则主要是水田，农作物主要是水稻和甘蔗、茶叶等亚热带经济作物。一年两熟或三熟。人们平常所说的"北麦南稻，南船北马"是这种差异的真实写照。

秦岭—淮河一线经过甘、陕、豫、皖、苏等省，是中国中东部地区一条重要的地理分界线，其南和北在气候、河流、植被、土壤、农业生产等方面，都有显著差异。

秦岭南北差异

广义的秦岭西起甘、青两省边境，东到河南省中部，包括秦岭、岷山、大巴山、伏牛山、桐柏山、大别山等，全长约1500千米，其山势西高东低。狭义的秦岭在陕西境内，海拔在1500～2500米之间。

秦岭在陕西境内随地异名：华阴以南称太华山，长安以南称终南山，眉县以南称太白山，宝鸡以南称大散关。在关中一带，人们习惯上把秦岭称为"南山"，与渭河以北的"北山"相对应。长期以来，秦岭被看作是中国"南方"和"北方"的自然界线，也是华中和华北自然地理区的界线。

横亘于中国中部的秦岭，以其巨大的屏障作用使得南北的气候产生很大差异，因而构成中国南北气候的分界线。

由于秦岭对于气候的重大影响，使得中国秦岭南北河流显示出不同的水文特征。秦岭以南的河流没有封冻期，水量丰富，泥沙含量小；而以北的河流，冬季有封冻期，且越向北去结冰期越长，河流的泥沙含量较大，而水量较小。

明显差异的气候，使秦岭南北的自然景观也截然不同。在秦岭北坡及其以北的关中平原是暖温带落叶阔叶林与森林草原—褐色土带，在秦岭南坡及其以南的汉江谷地是北亚热带落叶阔叶与常绿阔叶混交林——黄棕壤与黄褐土地带。

从植被状况来看，秦岭的常绿阔叶木本植物共有70属177种（包括变种），除北坡产的多毛檀子树外，南坡都有生长；而北坡只有21属，46种，仅占总种属的4.6%，具有暖温带或高山特性。从分布高度来看，常绿阔叶木本植物在秦岭南坡多生长在海拔1000

▼秦岭北部的土地风貌，秦岭以北降雨量较小，气候干燥

▲秦岭深处的植被

米以下，尤其是人工栽植的亚热带经济林木，如柑橘、枇杷、油桐、油茶、茶、棕榈，则分别集中在河谷或山间地之中，这些盆地就是中国北亚热带的北缘。具有暖温带或高山特性的常绿阔叶木本植物，在南坡多出现在海拔 1000～1500 米以上。

从动物种类的分布来看，秦岭南北的差别较大，仅以兽类分布来说，以秦岭为其北界的有 23 种（亚种），占总数的 42.1%，主要有大熊猫、金丝猴、猕猴、大灵猫等。而在秦岭以北分布的仅有 8 种，占总数的 10.53%，主要有白股阔耳蝠、黄鼠等。

另外，从自然界垂直自然带谱来看，秦岭南北也有着明显的不同，秦岭北坡的垂直分带反映了暖温带为基带的类型；而秦岭南坡反映出北亚热带为基带的垂直自然分带类型。

由于秦岭南北在地理位置、气候、土壤、植物等方面的差异，在农业生产上也呈现出明显的不同。

秦岭以南，一月平均温度在 0℃以上，年降水量超过 800 毫米，属亚热带湿润地区，天然植被以常绿阔叶林为主，土壤主要是红壤、黄壤和水稻土，其农业生产特点和华中地区类同，作物可全年生长，良好的水热条件保证了水稻和油菜的正常发育，冬季可露地栽培蔬菜，是主要的稻、麦、油菜区，稻麦一年两熟，自然景色终年是山清水秀。

秦岭以北，一月均温在 0℃以下，河流有长短不等的结冰期，年降水量不足 800 毫米，属于暖温带半湿润地区，天然植被以落叶阔叶林为主，土壤主要是黑土、褐土和盐碱土，其农业生产特点和华北地区类同。因为冬季温度较低，为冬小麦宿根越冬提供了条件，冬小麦生长和质量均比秦岭以南好，夏季高温适宜种植棉花、玉米和水稻，因此，以喜温作物为主，一般两年三熟，耕地主要是旱地，冬季景色比较单调。

▼大熊猫，秦岭是中国珍稀动物大熊猫的栖息地之一

中国的北方地区

中国幅员辽阔,地区差异显著。根据不同地区的地理特点,可以将中国划分为北方地区、南方地区、青藏地区和西北地区。北方地区是指东部季风区秦岭—淮河以北的地区。根据自然条件和经济发展的差异,本区又可以分为东北地区和华北地区。

东北地区

东北地区位于中国的东北部,有绵长的国境线和海岸线,大部分地区处于

▲冰雪覆盖了大地,东北群众利用马车外出

北纬40°~50°的中温带。东北地区是中国少数民族聚居的地区之一,有40多个少数民族。主要少数民族有满族、朝鲜族、鄂温克族和达斡尔族等。

东北地区处于中国地势的第三级阶梯,大兴安岭、小兴安岭和长白山分列于西、北、东三面。山地外侧是黑龙江及其支流乌苏里江,以及图们江和鸭绿江;山地内侧是东北平原(包括三江平原、松嫩平原和辽河平原)。平原广阔,海拔一般在200米以下,北部分布着肥沃的黑土。

黑土是在温带比较凉爽湿润的草原环境中形成的土壤,土层深厚,有机质丰富,氮、磷、钾等元素含量也很高,比华北平原和长江中下游平原土壤的养分一般高2~5倍,利于农作物生长。

东北平原土地资源丰富,耕地面积约占土地总面积的1/4,是中国人均耕地较多的地区,也是中国宜农荒地最多的地区,耕地后备资源比较丰富。

东北地区冬季漫长严寒,但夏季气温却较高,高温期与多雨期一致,利于作物生长,光照、热量、水分都可以满足作物一年一熟的需要。这里的主要农作物有春小麦、大豆、甜菜等。

多年来,东北各省区充分发挥当地农业生产的优势,发展粮食生产。这里粮食生产的商品性很强,除满足本地区需要外,大量销往其他地区。国家为解决其他地区用粮的不足,已在东北平原的许多地区建立了商品粮基地。

东北地区拥有丰富的森林资源,森林分布面积广,全区森林覆盖率约为36%,山地森林覆盖率高达55%以上。东北地区的森林有天然林、人工防护林和果林等。东北地区是中国重要的用材林生产基地。森林资源主要分布在山区。天然林中优势树种有落叶松、红松、杨树、桦树等,林中还有丰富的动植物资源,如多种药用植物、珍贵毛皮动物等。

▲大雪覆盖的东北林区

森林工业经历了长期以采伐为主之后，正在向综合利用方向发展。现已有造纸、板材、胶合板、家具等多种林产品加工工业。

长期以来，东北林区面积不断减少，森林覆盖率降低，森林蓄积量和木材质量大幅度下降，环境日益恶化。

恢复和发展东北森林资源，维护生态环境的主要措施和途径是：改善管理，积极造林，采伐与培育相结合，建立自然保护区，开辟多种能源以解决居民烧柴困难，预防森林灾害。如此，则能永保青山常在，绿水常流。

长白山自然保护区位于吉林省东南部，有保存完好的温带山地森林生态系统。这在温带地区是极为罕见的。

东北地区是中国最早建立起来的工业基地，以重工业产品最为著名。这里的重工业产品种类多、产量大。

东北地区具有发展重工业的许多优势：这里蕴藏着丰富的铁、煤、石油、水能等多种资源；有铁路、公路、航空、水运和管道运输组成的运输网络；在长期发展过程中，聚集了较多的专业人才。此外，还有为众多工业人口和城市提供农副产品的较为发达的农业。

沈阳附近是东北地区重工业集中的核心地带，这里云集着鞍山、抚顺、本溪、大连等工矿业城市，称辽中南工业基地。沈阳、鞍山、抚顺、大连都是因重工业发展而形成的100万以上人口的城市。

▼长白山天池瀑布，长白山不仅是著名的风景名胜，也是中国自然保护区

大连港是天然良港，港阔水深，冬季不冻，万吨巨轮可以长年进出。现已建成了拥有新型设备的现代化港口。

扎龙丹顶鹤自然保护区，东北地区有面积广阔的沼泽地，水草连片，可利用这种天然条件建设成为珍稀水禽、鱼类的繁殖地和旅游区。珍禽丹顶鹤就栖息于这种环境中。

东北地区自然资源丰富，具有发展工业和农业的多种资源，开发潜力很大。今

后，工业发展应合理开发资源，提高资源利用率，深化利用程度，向综合性、深加工方向发展。

东北地区工业的发展，要注意环境保护工作，在老企业进行设备更新或建设新企业时，要建设治理三废的设施，将污染物处理在生产过程之中，以推进清洁生产，最终实现工业的可持续发展。

"东北三宝"

人参、貂皮、鹿茸是著名的"东北三宝"。

人参也叫高丽参、黄狗、棒槌。东北长白山一带是其著名产地，产量最多的是抚松县。它既喜光又怕光，既喜湿润又怕潮湿。野生人参多长在石缝、大树周围、花丛和树荫的地方。

▲东北地区的野鸡。东北地区有非常多的珍稀动植物

据说几百年以上的老参，周围有巨蛇盘踞或猛兽蹲守。现人工栽培人参成功，人参苗床要整治得十分松软，位于既不能缺水又水量不能过多的坡地，中午要用帘子遮盖。3年倒一回床，6年才可以收获。人参确实称得上是神奇珍贵的"百草之王"。清代，一株质量绝佳的老山参，大大超过同等重量黄金的价格。吉林省年出口人参10万千克。有趣的是秋后天凉收获人参时，洗参姑娘两手终日泡在冷水里并不觉得冷，指纹一点也不发皱。人们据此受到启发，制成了保护皮肤的高级香脂"人参冷霜"。

中国的紫貂产于气候严寒的东北原始森林中。貂是食肉类动物，办貂场必须同时建有养鱼的鱼塘、水库，为紫貂提供鲜美的肉食。紫貂皮毛柔软，光泽亮丽，素雅大方，它的保暖性是任何兽类皮毛不可比拟的，雪花、水珠都不能在紫貂皮上停住。国际市场上一条上好紫貂皮价值1000美元。

雄鹿长角，雌鹿无角。鹿角一年砍1至2次。鹿身上的很多部位都是制药的好原料，具有益血助阳的功能。强筋健身的鹿茸角更是滋补药材中的珍品，畅销国内外，特别是东南亚一带。

吉林省是鹿茸的主要产地，鹿茸，

▼东北人参

▼紫貂

是中国一项重要的出口商品。出口1千克梅花鹿茸，可以换回2吨多小麦或者4吨化肥。

一群鹿有一只最强壮有力的雄鹿，是该种群的鹿王，鹿王享有同所有母鹿交配的特权。平时所有的鹿都显得那么温驯，可争夺王位时，雄鹿之间会展开一场凶猛的角斗，胜者为王。这些不断争夺王位的雄鹿就是生长鹿茸的宝贵动物。

▲鹿茸

华北地区

华北地区的范围大致在长城以南，秦岭—淮河以北，东临渤海和黄海，属于暖温带半湿润与半干旱地区。

黄河中下游地区是中华民族主要的发祥地之一。遍布全区的众多文物古迹，充分反映了中华民族5000年的悠久历史和灿烂的文化。

我们伟大祖国的首都——北京位于本区的东北部，是全国的政治中心和文化中心。

黄土覆盖大地，是华北地区最显著的自然特点之一。黄土高原和华北平原是世界上最大的黄土分布区。人们习惯上称它们为黄土地。

黄土高原上的黄土层，一般厚达50～80米，晋西、陕北和陇东的一些地方，黄土层厚度超过100米。黄土土质疏松，在缺乏植被保护的情况下，一遇暴雨，水土流失，大量黄土随洪水冲入河流，滚滚东去。黄河、淮河和海河所携带的泥沙大量沉积，形成了华北平原，又称黄淮海平原。

黄土高原因严重的水土流失及由此而造成的破碎地形，制约了农业的发展。华北平原由于地势平坦，土壤肥沃，热量充足，高温期与多雨期一致，成为中国耕作历史悠久的著名粮棉产区。丰富的农产品为本区经济的发展提供了物质保障。

华北地区煤炭资源丰富，在全国占有突出地位。其中尤以山西最为集中，全省大部分地区都有煤炭资源分布，素有"煤海"之称。

以山西为中心的煤炭基地包括山

▼黄土高原地貌，是华北地区的一大自然特点

西省、陕西省北部、内蒙古自治区黄河以南及河南省西部地区。这里煤炭资源分布广泛，煤种齐全，煤质好，埋藏浅，有些矿区可以进行大规模露天开采。晋、陕与内蒙古交界处的煤田，储量极为丰富，被誉为"金三角"。目前，这里的煤炭产量约占全国总产量的1/3，承担着供应全国20多个省、自治区和直辖市的任务。

▲华北地区内陆湖里的盐场，华北地区丰富的资源为工业生产提供了各类能源

这里不仅大量输出煤炭，还将煤炭转换成电能，通过超高压输电线路直接输出电力。以山西为中心的能源基地在全国经济建设中发挥着重大作用。

华北地区是中国轻工业和重工业都很发达的地区。除了山西能源基地在全国占有突出地位以外，京津唐工业基地是华北地区最发达的工业基地。

京津唐工业基地包括北京、天津、唐山及其附近的秦皇岛等城市。这里依山面海，北连东北三省和内蒙古，南近陇海铁路沿线工业

▲华北农民在河道里取水，用于灌溉

城市，地理位置优越。京津唐地区具有诸多发展工业的有利条件：区内有丰富的铁、煤和石油资源及多种农产品；以北京为中心向外辐射的铁路、公路、航空运输线都非常便捷，天津港和秦皇岛港是沿海的重要门户；北京、天津两直辖市科技力量雄厚。现在，京津唐工业基地是中国北方最大的综合性工业基地，有很强的经济实力，在全国占有重要地位。

北京的工业是新中国成立后发展起来的，主要有钢铁、电子、汽车、石油、化工等工业。北京工业的发展，得到了各地的大力支持，如以山西为中心的能源基地，每年向北京输送大量的煤炭和电力。

天津是华北地区最大的对外贸易港口城市。以海盐为原料的化学工业在全国占重要地位。改革开放以来，天津积极引进外资，建立开发区，发展外向型的加工工业，已取得令人瞩目的成绩。

华北地区是中国古代文化中心，开发利用历史悠久，长期的人类活动使自然面貌发

▲华北地区农民在放牧，这里降雨量小，植被覆盖率低，水土流失严重

生很大的改变。黄土高原的水土流失、黄淮海平原旱、涝、碱的危害，都是亟待解决的问题。

黄土高原要重点治理水土流失。首先要制止滥垦土地；在能源基地建设中，要做到边开矿边治理水土流失；在农耕区要坚持农林牧综合发展的道路，本着"宜农则农、宜林则林、宜牧则牧"的原则，因地制宜地发展农业。其次要坚持搞好植树种草和打坝淤地等工程设施建设，逐步治理水土流失，改善生态环境。

华北平原东部有大面积的沙地、低洼地和盐碱地，农业生产长期处于低水平。多年来，国家非常重视对华北平原的治理，多次派人考察后，决定由中国科学院各有关部门和当地政府共同开展改造自然环境的试验。山东禹城试验区就是在这里最早建立的试验区之一。

科技人员因地制宜进行试验，如在沙地封育或拉平沙丘，营造防护林，种植果树；在低洼湿地，挖鱼塘，养芦苇、莲藕，发展水生动植物，修台田种植棉花、瓜果、蔬菜和牧草。经过多年试验，已取得明显成绩，主要表现在：人均耕地增加，带动了全市荒地资源的开发，推动了中低产田向高产田转化，水土资源得到了充分利用，森林覆盖率有了提高，防护林保护了农田，减轻了风沙危害，生态环境在人工控制下，正向好的方向发展。

在华北平原地区应大力兴修水利，整治黄河、淮河、海河等河道，提高防洪抗涝能力。以治理淮河为例，要继续坚持在上游各支流上修建水库，在中游加固沿河大堤和利用湖泊洼地蓄洪，在下游疏浚扩大入江、入海通道，提高整个流域内的防洪抗涝能力。

在华北平原地区还应积极稳妥地兴建"南水北调"工程，以解决水资源短缺状况；认真推广科学种田的技术，发展节水农业，改良盐碱地，改善农业生态环境，为经济长远发展打下良好的基础。

在长城沿线风沙危害较为严重的地区，要继续搞好"三北"防护林的建设，坚持植树种草，努力改善生态环境。在城市地区，要注意节约用水，加强"三废"污染的治理，做好城市环境保护工作。

中国的南方地区

南方地区是指中国东部季风区秦岭——淮河以南的地区。根据自然条件和经济发展的差异,本区又可分为华中——西南地区和华南地区。

▲秀丽迷人的南方山水

华中——西南地区

华中——西南地区位于秦岭——淮河以南,南岭以北,青藏高原以东,东临黄海和东海,包括长江中下游平原、江南丘陵、四川盆地和云贵高原等地形区,绝大部分位于长江流域,属亚热带地区,云南南部属热带地区。

华中——西南地区民族众多,有汉族、苗族、彝族、布依族、侗族、土家族、傣族和白族等民族。少数民族主要聚居在云南、贵州、四川三省和湖南省西部地区。受地理环境和历史变迁的影响,各民族的风俗习惯各具特色,丰富多彩。

华中——西南地区绝大部分属亚热带季风气候,夏季炎热,冬季温和,四季分明,年降水量在1000毫米以上,利于发展农业生产。

本区地质状况复杂,蕴藏着多种矿产资源。江南丘陵有多种有色金属矿产,以江西大余的钨、湖南锡矿山的锑、湖南水口山的铅锌和江西德兴的铜等最为闻名。云、贵、川三省和重庆市有"金属矿产王国"之称,出产铁、铜、锡、铅锌、铝、汞等。攀枝花的钒钛磁铁矿、个旧的锡矿、东川的铜矿、六盘水煤矿和四川天然气田都在全国占有重要地位。

▼长江中游的峡谷,长江流域不仅有丰富的旅游资源,由于交通便利,工业也比较发达

西南山区是著名的"植物王国"和"动物王国"。云南南部的西双版纳生长着热带原始森林,有"绿宝石"的美誉。这里还有大象、孔雀和长臂猿等珍稀动物,是中国最大的野生动植物宝库。在川西高原的森林中生存着世界珍稀动物——大熊猫。

▲西南地区的竹林

长江中下游平原地势低平，河湖众多，气候温暖，土地肥沃，自古就是中国重要的耕作地区和淡水鱼产区，是著名的"鱼米之乡"。这里盛产稻谷、棉花、油菜籽、桑蚕和多种淡水鱼。

四川盆地气候温暖，霜雪少见，雨量充沛，土地肥沃，物产丰富，早有"天府之国"的美誉。这里主要出产稻谷、油菜籽、桑蚕、甘蔗、柑橘等。成都平原位于四川盆地的西北部，由岷江冲积而成，由于有都江堰水利工程的灌溉之利，农业发达，这里自古就是中国重要的农业区。

▼生活在西南山区的农民，他们就地取材，编制生活用具

长江横贯华中—西南地区，将长江三角洲、江汉平原、四川盆地三个中国经济实力很强的地区连在一起。长江沿岸地区资源丰富，人口众多，城市密集，水陆交通便利，又有较雄厚的经济技术基础，因此对中国的经济建设和可持续发展具有十分重要的意义。中国政府决定，以上海浦东开发为龙头，进一步开放长江沿岸城市，带动长江三角洲和整个长江流域地区经济的新飞跃。在今后的二三十年内，长江沿岸地区将成为与沿海地区同等重要的、以基础产业和加工工业为主的产业密集带、国际港口群和城镇密集带。

江南丘陵有大面积的棕红色或黄红色的红壤。红壤酸性大，缺乏有机质，土质粘重，不利耕种，是一种低产土壤。红壤极易被雨水冲刷，淤积河湖，加重洪水

灾害的威胁。经过长期实践，当地人民已找到了改良和利用红壤的有效方法：增施有机肥，补充熟石灰和种植适宜在红壤中生长的茶树、油茶、杉树和马尾松等林木。在红壤分布的地区应因地制宜，在丘陵区的河谷盆地种植水稻，将丘陵缓坡辟为茶园，在山丘顶部植树造林。这样既可变低产田为高产田，又可防止水土流失。

华中—西南地区地理位置极为优越。长江和从上海至昆明的铁路干线把中国东部沿海发达地区和西南资源丰富地区紧紧地连在一起，使本区在东亚居重要地位。依托南昆铁路和澜沧江等国际河流，本区还应积极开拓东南亚的广阔市场。随着经济建设的不断发展，华中—西南地区既要发挥自身的巨大潜力，又必须坚持"因地制宜，合理开发"的方针。

由于本区人口众多，城市密集，工厂林立，大量废气、废水和废渣的排放，生态环境已受到严重破坏。"酸雨"就是本区环境污染的一个恶果。除了防治洪水和改良红壤以外，本区还面临着治理江河污染，保护耕地、森林和水源，以控制环境进一步恶化等严重问题。为此，需要制订地区经济、社会和环境协调发展的总体规划，使本区在经济增长的同时，保持生态环境的良好状况。

华南地区

华南地区大致位于南岭以南，临东海和南海。北回归线横穿本区，曾母暗沙已接近赤道。本区北部属亚热带，南部属热带。台湾省、香港特别行政区和澳门特别行政区都在本区范围之内。

华南地区地理位置十分重要，本区在六个地区中纬度最低，沿海有众多的优良港湾，台湾海峡和琼州海峡是海上的交通要道，广州和香港是大批旅客出入中国大陆的重要通道，被称为"中国的南大门"。

▼华南地区的瀑布，华南地区雨水充沛，瀑布是常见的自然景观

本区气候的显著特征是高温多雨。由于纬度较低，又有南岭为屏障，这里大部分地区长夏无冬，年平均气温高于20℃，南海诸岛更是长年皆夏。由于濒临广阔的海洋，受夏季风和台风的影响强烈，区内多数地方年降水量可达1600～2000毫米。华南霜雪罕见，但在强劲寒潮南侵时，冷空气也会从山间缺口南袭造成霜冻。

由于地理环境与其他地区明显不同，华南地区有丰富的热带生物资源。南岭、武夷山、五指山和台湾山地是中国南方的重要林区，生长着多种常绿林木。

华南地区是中国对外开放的重点地区，深圳、珠海、汕头、厦门和海南岛五个经济特区均位于本区，福州、广州、湛江和北海是沿海开放城市，珠江三角洲和漳（州）厦（门）泉（州）三角地区都是经济开放区。国家在这些地区实行特殊优惠政策，以加快经济发展的步伐。

中国香港、澳门和台湾

中国香港、澳门和台湾都在华南区的范围之内，中华人民共和国政府已对香港和澳门行使主权，正式设立特别行政区，成为中央人民政府直辖的一个享有高度自治权的地方行政区域。1949年后，由于众所周知的原因，台湾与祖国大陆处于分离的状态，但台湾是中国神圣领土不可分割的一部分。

▲1997年香港回归仪式

中国香港

中国香港位于广东省的东南沿海地区，宽阔的珠江口东侧，部分土地与内地相连。而在面向中国南海的一边的岛屿拱卫，成为珠江口具有战略价值的进出据点。

中国香港北面以深圳河与广东省新建立的深圳经济特区（原为深圳市）为界，西北距广州约150千米，有广九铁路和广深公路相连，也有水路相通。澳门北面以关闸与广东省另一新建的珠海经济特区（原属珠海市）为界，西面与珠海市的湾仔隔一狭窄河道相望，北距广州约156千米，有公路、水路相连，东距香港为38海里，或72千米。

中国香港不仅是华南最重要的港口，也处于亚洲航运和国际贸易的有利中心位置；由欧洲、非洲和南亚次大陆往来东亚之间的航运，都以香港为必经之地。同样，美洲和东南亚、南亚次大陆间的航运，也多以中国香港为中转站。中国香港亦位于澳大利亚、新西兰和东亚之间的航运要道上。中国澳门的地理位置和中国香港相近，在16世纪中到17世纪中的近百年期间，也曾是东亚、东南亚、南亚次大陆以及欧洲间贸易航道的枢纽。但因为它的港口水浅而狭窄，自19世纪中期以来，其地位已经被中国香港所替代了。

▼中国香港风景

中国香港包括下列3个部分，总面积约1066平方千米：香港岛（包括邻近小岛）77.5平方千米，九龙半岛（包括邻近小岛和昂船洲）1.1平方千米，新界（包括本土和离岛）977.4平方千米。

九龙半岛与其南面的香港岛隔着阔约1.5千米的维多利亚港

相望。维多利亚港是华南最好的深水港。附属于九龙半岛的昂船洲岛面积仅0.75平方千米。新界包括本土和离岛两部分：本土新界指与中国大陆接壤的部分，南以界限街和九龙半岛分界，北以深圳河与广东省的深圳经济特区分界，是新界的主要部分，面积约764平方千米。新界还包括200多个大小岛屿，常名为离岛，总面积约为211平方千米，其中比较大的有大屿山岛、青衣岛、南丫岛等。新界两部分的面积占全岛总面积的92%。

香港岛和九龙半岛之间有渡轮、海底隧道及地下铁路相通。它们和一些大的离岛之间都有渡轮来往。青衣岛和新界本土的葵涌还有公路大桥相接。

中国香港在1985年约有540万人口，其中98%以上为中国人。外国人约占2%，其中英国人有2万多，余为美、日及其他各国侨民。

中国香港市区最繁盛的地方是九龙半岛的尖沙咀区、油麻地区和旺角区，香港岛北岸的中西区、湾仔区和东区。除港岛东区外，这些地方都是发展比较早的老市区。

▲香港的海洋公园，香港人口密度较大，环境优美

▲香港维多利亚港口，高度体现了现代化，是国际大港口

中国澳门

中国澳门特别行政区简称"澳"。位于中国南海之滨，珠江口西侧，包括澳门半岛、氹仔岛和路环岛3部分，特别行政区政府驻澳门半岛。行政区陆地总面积为23.5平方千米，人口44万人，其中97%为中国籍，其余为葡萄牙等国籍。中华人民共和国政府已于1999年12月20日恢复对澳门行使主权，正式设立澳门特别行政区，成为中央人民政府直辖的一个享有高度自治权的地方行政区域。

澳门自古为中国领土，原属广东省香山县（今珠海市），明时称"濠镜"，别称濠江、海镜等。1557年葡萄牙人进入中国澳门，1845年澳门总督擅自宣布澳门为自由港，1851年、1864年又先后占领氹仔岛和路环岛，1874年拆毁关闸北迁，1890年占青州，形成今日中国澳门形势。

▲中国澳门特别行政区

中国澳门以博彩业著称于世，号称世界三大赌城之一，有"博彩天堂""东方蒙地卡罗"之称，同时博彩业带动旅游业，成为中国澳门经济支柱之一和外汇主要来源。

中国澳门的出口加工业在20世纪50年代以前，以生产爆竹、火柴、神香等产品为主；60年代以后，主要生产纺织服装制品，占出口总额的70%以上。

中国澳门的金融保险业比较发达，银行数量多，信贷业务比重大，与世界各大金融市场进行交易,近年保险业发展很快。

中国台湾

台湾是中国神圣领土不可分割的一部分。历史上，台湾曾被西班牙、荷兰、日本先后占领过。抗日战争胜利后，台湾重归中国的版图。1949年后，由于众所周知的原因，台湾与祖国大陆处于分离的状态。50多年来，中国台湾的政治、经济、文化、社会等发生了巨大变化。

台湾是中国的第一大岛，位于祖国东南沿海的大陆架上。中国台湾东临太平洋，东北邻琉球群岛，相隔约600千米；南界巴士海峡，与菲律宾相隔约300千米；西隔台湾海峡与福建相望，最窄处为130千米。中国台湾扼西太平洋航道的中心，是中国与太平洋地区各国海上联系的重要交通枢纽。

台湾海峡呈东北向西南走向，北通东海，南接南海，长约200海里，宽约70至221海里，平均宽度约108海里，是中国海上交通要道，也是国际海上交通要道。东海和南海之间往返的船只从这里通过。从欧洲、非洲、南亚和大洋洲到中国东部沿海的船只也从这里通过。从大西洋、地中海、波斯湾和印度洋到日本海的船只一般也经过这里。

台湾省包括台湾本岛及兰屿、绿岛、钓鱼岛等21个附属岛屿，澎湖列岛64个岛屿，其中台湾本岛面积为35,873平

▼台湾景区

方公里。还包括福建省的金门、马祖等岛屿，总面积为36,188平方公里。

台湾岛多山，高山和丘陵面积占全部面积的三分之二以上。台湾山系与台湾岛的东北—西南走向平行，竖卧于台湾岛中部偏东位置，形成本岛东部多山脉、中部多丘陵、西部多平原的地形特征。台湾岛有五大山脉、四大平原、三大盆地，分别是中央山脉、雪山山脉、玉山山脉、阿里山山脉和台东山脉，宜兰平原、嘉南平原、屏东平原和台东纵谷平原，台北盆地、台中盆地和埔里盆地。台湾岛位于环太平洋地震带和火山带上，地壳不稳，是一个多震的地区。

中国台湾气候冬季温暖，夏季炎热，雨量充沛。北回归线穿过台湾岛中部，北部为亚热带气候，南部属热带气候。年平均气温（高山除外）为22℃，年降水量多在2000毫米以上。充沛的雨量给岛上的河流发育创造了良好的条件，独流入海的大小河川多达608条，且水势湍急，多瀑布，水力资源极为丰富，其中长度超过100千米以上的河流有浊水溪(186.4千米)、高屏溪(170.9千米)、淡水河(158.7千米)、大甲溪(140.3千米)、曾文溪(138.5千米)、马溪(116.8千米)。

▲台湾岛卫星图

中国台湾农耕面积约占土地面积的四分之一，盛产稻米，一年有二至三熟，米质好，产量高，主要经济作物是蔗糖和茶。蔬菜品种超过90种，栽种面积仅次于稻谷。中国台湾素有"水果王国"美称，水果种类繁多。花卉产值也相当可观。

中国台湾森林面积约占全境面积的52%，台北的太平山、台中的八仙山和嘉义的阿里山是著名的三大林区，木材储量多达3.26亿立方米，树木种类近4000种，其中尤以台湾杉、红桧、樟、楠等名贵木材闻名于世，樟树提取物更居世界之冠，樟脑和樟油产量约占世界总量的70%。

中国台湾四面环海，海岸线总长达1600千米。因地处寒暖流交界，渔业资源丰富。东部沿海岸峻水深，渔期终年不绝；西部海底为大陆架的延伸，较为平坦，底栖鱼和贝类丰富，近海渔业、养殖业都比较发达。远洋渔业也较发达。

中国台湾除有丰富的水力、森林、渔业资源外，其他自然资源有限，自产能源只有少量煤、天然气，金、银、铜、铁等金属矿产也较少，主要储藏于北部火山岩地区及中央山脉。

中国的西北地区

做为地理概念的"西北地区"指"中国西北内陆干旱半干旱区",此区域农业以畜牧业和灌溉农业为主,年降水量大约400毫米以下,和华北地区大概以长城为界。包括内蒙古中西部,新疆大部,宁夏北部,甘肃中西部以及和这些地方接壤的山西、陕西、河北、辽宁、吉林等省份的边缘地带。

▲中国西北地区的山水风貌

基本概况

西北地区位于大兴安岭以西,长城和青藏高原以北,是中国陆上疆界最长的地区,面积约占全国的30%,人口约占全国的4%,是地广人稀的地区。西北地区是中国少数民族聚居地区之一,少数民族人口约占全区人口的1/3,主要有维吾尔族、蒙古族、回族和哈萨克族等。

西北地区地处中国地势的第二级阶梯,大部分地区海拔在1000米以上。东部的内蒙古高原,有大面积的草原;西部的新疆境内,山地和盆地相间分布。天山横亘在新疆中部,塔里木盆地和准噶尔盆地分别位于天山南北,沙漠分布广泛。塔里木盆地内的塔克拉玛干沙漠是中国最大的沙漠,面积约33.7万平方千米,其间遍布各种形态的流动大沙丘,沙丘的相对高度达100~150米,甚至200米。准噶尔盆地内也有面积约4.88万平方千米的沙漠,沙漠中多为生长着灌木的固定或半固定沙丘。

人文环境

西北地区东西距离遥远,东端的大兴安岭接近沿海地区,西端的帕米尔高原远处大陆内部。年降水量自东向西递减,自然地理环境有很大差异。这里大部分地区为干旱和半干旱气候,适于发展草原畜牧业。

▼西北地区草原丰富适于发展畜牧业

内蒙古和新疆是中国重要的牧区。内蒙古高原地形平坦,草原广阔,尤其是东北部的呼伦贝尔草原水草丰茂,是中国最好的草原之一。蒙古马是草原上的优良畜种,善于奔跑。新疆的草场主要分布在天山和阿尔泰山,天山北坡海拔2000~3000米处是森林带,森林带

▲天山山脉，西北地区有很多名胜风景

以上是夏季牧场，以下是冬季牧场。

　　生活在西北地区的蒙古族、哈萨克族等兄弟民族主要从事畜牧业生产，这里的畜牧业在国内占有重要地位。新中国成立后，在乌鲁木齐、呼和浩特和银川等地发展了多种畜产品加工工业，每年有大量的肉、乳制品和毛纺织品行销国内外。

　　随着畜牧业的发展，广大牧民的生活得以改善。许多牧区已建立了定居点，畜牧业正从游牧状态逐步走向定居放牧。

　　西北大部分地区处于暖温带和中温带。这里日照充足，昼夜温差大，有利于植物光合作用和养分的积累。但是由于气候干燥，农作物生长困难。然而，在有水源灌溉的地区，却是树木葱绿、稻麦飘香，瓜果累累，人畜两旺，成为沙漠里的"绿洲"。

　　河套平原和宁夏平原是引黄河水灌溉的绿洲，种植小麦、水稻和瓜果等，有"塞外江南"的美称，是西北地区的商品粮基地。河西走廊位于甘肃省祁连山和北山之间，因地处黄河以西而得名。受祁连山冰雪融水和地下水的滋润，河西走廊形成了众多绿洲，武威、张掖、酒泉等古城就坐落在绿洲上。这里农业发达，也是西北地区的商品粮基地。

　　高山的冰雪融水也孕育了新疆各盆地边缘的片片绿洲，著名的有乌鲁木齐绿洲、喀什绿洲等。这些地区盛产棉花、小麦和瓜果，吐鲁番葡萄和哈密瓜举世闻名。这里的人民为引水灌溉，修建了独特的水利工程"坎儿井"。

　　西北地区水资源极为珍贵，应提高农业用水的利用率，减少大水漫灌农田，发展喷灌、滴灌节水农业。

　　新中国成立以后，中国在西北地区开展了大规模的地质勘探工作，发现了许多重要矿产，如石油、煤、铁、镍和稀土等。采矿工业、冶炼工业等多种工业迅速发展，西北地区的面貌有了很大的变化。当然，与东部沿海地区相比，西北地区的经济实力和人民生活水平仍有较大差距，要根本改变中国西北地区相对落后的现状，还有赖于深化改革，充分发挥地区优势，合理开发资源以促进地区经济的快速发展。

保护草场和治理沙漠

畜牧业和种植业是西北地区重要的经济部门。保护草场和治理沙漠是发展农牧业亟待解决的重要课题。

草场退化是影响畜牧业发展的严重问题。由于过度放牧、牲畜品种选择不当、任意开垦，草丛逐渐变矮，密度变稀，单位面积草场饲养牲畜的数量下降，以至草原荒漠化，使畜牧业生产处于不稳定状态。

为了保护草场资源，应对现有草场实行划区管理，定期轮牧，依据草场数量确定牲畜养殖数量。此外，要建立人工草场和饲养场，发展为畜牧业服务的种植业；要严格控制在半干旱地区开垦耕地，已开垦的低产田应退耕还牧，建立良好的草原生态环境，以促进畜牧业的进一步稳产、高产。

▲西北地区红色的矿石山

▲荒漠草原，这些是西北地区特有的自然景观，但是原有的绿色草原已被破坏

千百年来自然环境的变迁和人类活动的影响，造成了西北地区大面积"沙进人退"的局面。许多古代繁荣的城市，如罗布泊附近的楼兰，已被沙漠淹没。人们不合理的生产活动，如滥垦草原也加剧了土地荒漠化。

西北各族人民在长期的实践中，不断摸索风沙活动规律，采取工程措施与植物固沙相结合的办法治理沙漠，取得了一定的成绩。包兰铁路线上的沙坡头等地，经多年治理，经受了1993年4月特大沙暴的袭击，在阵风10级以上的沙暴过后，包兰铁路仍畅通无阻，受到国际治理沙漠专家的赞扬。

中国的青藏地区

青藏地区位于昆仑山脉—祁连山脉以南，喜马拉雅山脉以北，横断山脉以西，包括青海省和西藏自治区，以及四川、新疆和甘肃等省区的部分地区。本区地处西南边陲，国境线绵长，邻国众多。青藏地区面积约占全国总面积的25%，而人口数量却不足全国总人口的1%，是地广人稀的地区。青藏高原海拔大多在四千米以上，是中国，也是世界面积最大、地势最高的高原，号称"世界屋脊"。

▲青藏高原上的风景图

自然环境

青藏地区是藏族同胞的聚居地区，还有汉族、东乡族、蒙古族、珞巴族、门巴族等一些兄弟民族在本区居住。藏族是具有悠久历史的民族，在唐代就和汉族交往密切。西藏一直是中国不可分割的一部分，百余年来，藏族同胞多次抵抗外国列强的侵略，始终不屈。西藏和平解放后，广大藏族同胞摆脱了黑暗、残酷的农奴制度，在政治、经济、文化和生活方面有了很大的发展和进步。

▼青海湖，青海湖是中国最大的咸水湖，也是中国最大的内陆湖泊

青藏高原上分布着一系列高大的山脉，大致呈东西走向的山脉有阿尔金山脉、祁连山脉、昆仑山脉、唐古拉山脉、冈底斯山脉和喜马拉雅山脉。青藏高原还有90多座海拔在7000米以上的高峰，其中珠穆朗玛峰等十余座高峰海拔均超过8000米。

巍峨的群山孕育了无数条冰川，青藏高原的冰川总面积达4.7万平方千米，占全国冰川总面积的80%，是中国冰川最集中的地区。

冰川是巨大的天然固体水库，冰川融水汇成江河的源头。

▲青藏高原上的农作物,这里主产小麦、豌豆、蔬菜等

亚洲许多大河都发源于青藏高原。

青藏高原还有世界上最高、面积最大的高原湖区,分布着大小湖泊1000多个,总面积约占全国湖泊总面积的47%。其中青海湖面积4583平方千米,是中国最大的咸水湖,也是中国最大的湖泊。纳木错是世界上海拔最高的大湖,湖面海拔4718米。

青藏高原冬季严寒,夏季凉爽,大部分地区年降水量在400毫米以下。这里空气稀薄,太阳辐射强,日照充足。青藏高原全年气温较低,农作物生长期短,对农业生产有一定影响。

人文环境

在青藏高原的一些谷地中,气温较高,风力较小,有利于农耕作业的发展。南部的雅鲁藏布江谷地和东北部的湟水谷地是重要的农业区。主要作物有喜温凉的青稞、小麦、豌豆以及蔬菜等。

青藏高原是中国重要的高寒牧区,这里有面积广大的高寒草原,特别是在河湖沿岸牧草尤为丰美。畜牧业是青藏高原地区主要的生产部门,主要牲畜有适应高寒、缺氧气候的牦牛和藏绵羊等。

▼青藏高原上的铁路运输,新中国成立以后青藏高原的交通事业取得了巨大的发展

青藏高原的能源非常丰富,主要是无污染的太阳能、地热能和水能。

青藏地区太阳辐射强,日照时间长,是中国太阳能资源最充足的地区。太阳能为青藏地区农、林、牧业生产提供了充足的自然能源,也是待开发利用的生活能源。

青藏高原是中国大陆上地热资源最丰富的地区之一,地热资源主要分布在雅鲁藏布江谷地。这里地下有大量的热水和蒸汽,形成众多的温泉、热泉、蒸汽泉和热水湖。在羊八井有中国目前最大的地热蒸气田,现已建成发电站。其

▲雅鲁藏布江，雅鲁藏布江不但水资源丰富，而且两岸风景秀丽，地热资源丰富

他许多地区也正在开发地热资源，利用天然热水取暖和发展生产。

在雅鲁藏布江和黄河等河流的峡谷地段蕴藏着丰富的水能资源，目前开发甚少。雅鲁藏布江的水能蕴藏量仅次于长江，居全国各江河的第二位，仅河流东部的大拐弯河段，水能蕴藏量即达4000万千瓦。

青海省西北部的柴达木盆地矿产资源丰富。这里有察尔汗等盐湖，还有煤、石油、铅锌、石棉等多种矿产资源。因此被称为"聚宝盆"。

新中国成立以后，广大军民齐心协力，克服了种种艰难险阻，先后修筑了川藏、青藏、新藏、滇藏等公路和由拉萨通往尼泊尔的中尼公路，同时还修建了兰青铁路以及青藏铁路的北段。中国民航人员突破"空中禁区"，开辟了拉萨通往北京、成都、西安、广州等地的定期航班。

西宁是兰青、青藏铁路和青藏公路的枢纽。格尔木位于柴达木盆地，是内地通往西藏的门户。拉萨是西藏公路和航空运输的中心。

交通运输的发展，改变了西藏的闭塞状况，促进了本地区经济的日益繁荣，现代工业得以逐步发展。

第八章
中国的自然资源

资源总量大是中国自然资源的优势，中国是世界上屈指可数的资源大国之一。中国陆地面积居世界第三位，45种主要矿产资源的潜在价值居世界第三位，水能、太阳能和煤炭资源分别居世界第一、二、三位。自然资源丰富与否虽不是一个国家经济发展的决定性因素，但无疑是起重要作用的因素。由于中国各类资源总量大，使中国很多资源性产品能够形成相当的生产规模，在世界资源产品市场上占有一定的地位。

自然资源种类多，资源类型齐全是中国自然资源的第二大优势。中国地处中纬度地区，南北跨纬度近50°，东西跨经度约60°。加之地形多样，气候复杂，因而拥有多种多样的农业自然资源，特别是生物品种的多样性居世界前列。此外，中国矿产资源品种多样，是世界上少数几个矿种配套比较齐全的国家之一。

中国的水资源

水资源的数量

根据水利部 1986 年调查，中国的水资源量，地表水年平均径流量为 27,115 亿立方米；地下水年平均量为 8288 亿立方米。扣除重复计算量，中国的多年平均水资源总量为 28,124 亿立方米。由此可见，中国是以地表水资源为主的国家，水资源总量的 96% 是地表水。

与世界各国相比，中国的河川径流总量居世界的第 6 位，少于巴西、俄罗斯、加拿大、美国和印尼。按中国人均水资源量计，仅有 2400 立方米，约为世界人均水资源量的 1/4，美国的 1/5，俄罗斯、印度尼西亚的 1/7，加拿大的 1/50。日本的河川径流量仅为中国的 1/5，但人均占有量为中国的两倍。据对世界 149 个国家和地区调查表明，中国人均水资源只排在世界第 109 位。

从耕地的角度看，中国每公顷平均水资源量为 20,857 立方米，约为世界平均值的 60%，低于巴西、加拿大、印度尼西亚和日本等国家。

▼西藏境内的雅鲁藏布江

必须指出，用耕地单位面积的水资源拥有量来衡量一个地区或国家水资源的多寡有一定的局限性。因为有些国家如西欧国家等农田主要依靠天然大气降水提供水分，不需要或只要很少的灌溉。就中国而言，南方和北方由于复种指数不同而不能简单地对比。由此可见，中国的水资源在总量上虽然还比较多，但按人均计，则并不丰富。所以水资源在中国应是十分珍贵的自然资源，必须十分注意有效地保护和节约利用水资源。节约用水，合理用水，应该作为中国长期坚持的一项基本国策。

水资源的时空分布

中国水资源的地区分布很不均匀，总趋势和降水基本一致，由东南沿海向西北内陆递减。

在同一地区内，山地的迎风坡是径流相对高值区，平原、盆地、山地背风坡则是径流相对低值区。

受季风环流影响，中国大气降水和河川

径流在时程分配上具有很大的不均衡性和不稳定性，年际和年内季节变化很大。

秦岭以南主要为雨水补给区，河川径流的季节变化主要受降水季节分配的影响，夏汛比较突出。因流域的调节作用，河流多水季节一般比多雨季节滞后1个月左右。

东北地区、华北部分地区、黄河上游和西北一些河流，为雨水和冰雪融水补给区，有春、夏两次汛期，年径流过程呈双峰型。但春汛水量不大，多数河流占年径流量的5%左右，少数超过10%。

西北内陆区的祁连山、天山、阿尔泰山、昆仑山以及青藏高原部分河流，主要由山区降水与高山冰雪融水补给，径流的变化与气温有密切关系，有春汛、夏汛出现。

▲长江源头地貌，远处是长江源头各拉丹冬雪山，长江是中国第一大河流

除了北方少数由暴雨形成的季节性河流外，几乎所有河流都有一定数量的地下水补给。

中国径流年内分配差别很大。每年6—9月或5—8月为汛期，径流量一般占全年的60%~80%，特别是7—8月，径流量往往占全年的40%左右。

南水北调

南水北调工程是中国规模最大的跨流域调水工程。东线工程规划从扬州附近的江都抽引长江水，沿京杭大运河逐级抽水北送，第一期先调水到黄河南岸的东平湖，第二期在山东梁山附近与黄河立体交叉，穿过黄河引水隧洞送水到天津，年输水量为150亿立方米。首先保证沿线大、中城市工业和城市用水；其次可使沿线6000万亩农田获得灌溉水源，解决黄淮海平原缺水问题；另外可改善京杭运河的运输环境，使1000吨级船队可全年通航。

中线工程规划从长江中游及其支流汉江引水，沿全国地势第二级阶梯的东缘、黄淮海平原西侧向北输水，在郑州附近穿过黄河到达北京。分两阶段进行：第一阶段扩建汉江上游丹江口水库，从库容扩大（达90.5亿立方米）、水位升高（达170米）后的丹江口水库引水，沿伏牛山东侧经南阳，由方城垭口越过江淮分水岭，经郑州西面穿过黄河，再沿太行山东麓引水至北京，可灌溉黄淮平原农田。第二阶段从长江三峡引水，除为沿线大、中城市和7600万亩农田提供充足的水源外，还可使淮河和海河水系保持一定水量。

西线是从通天河、雅砻江和大渡河上建高坝水库，通过引水工程自流或提水入黄河，总调水量可达200亿立方米，占黄河径流的34.5%。西线工程主要在青海省南部及四川西北部的高原山地，海拔2900~4500米的高寒荒凉地区，施工虽较困难，但由于人烟稀少，调水路线较短，调水工程淹没损失小，移民搬迁量小。

中国的土地资源

中国土地资源的基本特征

土地是人类生活和生产活动的主要空间场所,是人类最宝贵的资源。但是,随着人口的增长,人类需求的增加,土地资源紧缺的状况也日益严重。面对这种局面,认真研究土地资源开发利用现状、潜力和存在的问题,从而制定出一系列切实可行的对策,是一项紧迫而重要的任务。中国土地资源的特征包括以下方面:

▲塔里木河局部,中国土地资源类型丰富,高山、平原、湿地常常交织在一起

(一)**土地辽阔,类型多样。**

中国土地总面积约 960 万平方千米。南北长约 5500 千米,跨 49 个纬度,包括 9 个热量带,东西宽 5000 余千米,跨 62 个经度,包括 4 个水分区。由于土地的水热条件组合的差异和复杂的地形、地质条件,悠久的农业历史,多样的土地利用方式,形成了中国极其多种多样的土地资源类型,有利于农、林、牧、副、渔生产的发展。

(二)**山地多,平地少。**

中国山地、丘陵面积占总土地面积的 2/3,平地占 1/3。山地是中国主要的林牧业生产基地,尤其中国南方亚热带、热带山地,生物资源丰富,土地生产能力高,非常适宜于林木生长与土特产品的多种经营。西北地区的山地是中国主要牧场,而且又是平原地区农业灌溉水源的集水区,在农业自然资源组成中和农业生产中占有特别重要的地位。

▼农民在树林中开辟了一块田地,中国人均耕地资源不足,有的地方比较匮乏

(三)**土地资源丰富,人均占有量少,后备耕地资源不足。**

中国耕地面积约占世界耕地总面积的 7%,居世界第 4 位;天然草地为世界草地总面积的 9.5%,仅次于澳大利亚,居世界第 2 位;有林地面积约占世界森林总面积的 3.0%,居世界第 5 位。

中国人均耕地约 0.13 公顷/人,为世界人均的 1/3 强。森林覆盖率仅 16.55%(1998 年)。人均有林地 0.11 公顷/人,仅为世界人均数的

11%。天然草地稍多，人均0.34公顷/人，不及世界平均数的1/2。后备耕地资源不足，无效土地资源多。

（四）部分地区土地资源质量不高，土地退化现象严重。

中国山地多，平地少，干旱区与高寒区面积大，无效土地资源比重大，可供农林牧使用的土地不超过70%；水土资源不匹配，旱涝灾害频繁；土地退化严重，仅土壤侵蚀与沙化的土地就占国土总面积的22%；退化草地占北方天然草地资源的28%。

▲中国西部山区，中国国土面积大，但是山区较多，能够开发利用的耕地资源少

（五）土地资源分布不平衡，土地生产能力的地区差别显著。

中国土地划分为三大区域：

东南季风区，水热丰富，雨热同季，土壤肥沃，生物多样，土地生产能力较高，集中了全国87%的生物生产量和92%左右的耕地、林地，95%左右农业人口和农业总产值，是中国重要的农区和林区，而且也是畜牧业比重较大的地区。

西北内陆区，光照充足，热量也较丰富，但干旱少雨，水源少，沙漠、戈壁、盐碱地面积大，其中东半部为草原与荒漠草原，西半部为极端干旱荒漠，无灌溉即无农业，草地多，耕地、林地少，土地自然生产能力低。

青藏高原区，大部分海拔在3000米以上，日照虽充足，但热量不足，高而寒冷，土地生产能力低，而且不易被利用。

（六）人口不断增长，土地资源日益短缺。

随着人口的不断增长，耕地资源的绝对数量与人均占有量将不断下降，耕地资源不足问题日益加重。

土地资源结构

（一）耕地资源

中国大陆目前实有耕地面积在1.33亿公顷左右。在耕地结构中：水田占23.7%；水浇地占17.2%；雨养旱地约占59%；灌溉地占总耕地40.9%。

▼塔里木河下游的沙漠，近些年土地沙漠化比较严重，增加了中国土地的人口压力

从质量上来说，中国无限制、质量好的一等耕地占总耕地面积的41.33%；有一定限制、质量中等的二等耕地占总耕地面积的34.55%；有较大限制、质量差的三等耕地占总耕地面积的20.47%；不宜农业耕种的耕地507万公顷，占总耕地面积的3.65%；中、下等耕地共约占58.67%。耕地质量不算好。

中国受各种因素限制的耕地占总耕地面积的59.6%。其中：以侵蚀为主要威胁的耕地占8.6%；坡度限制而有潜在侵蚀威胁的耕地占11.38%；受洪涝限制的耕地约占总耕地面积的9.19%；盐碱限制的耕地约占耕地总面积的6.62%；土质过黏、过砂的限制占耕地总面积的10.07%；薄土层耕地占3.46%；裸岩出露的耕地约占0.36%。

（二）后备耕地资源

中国后备耕地资源数量少、质量差，分布上西北部多于东南部。中国后备耕地资源为3533万公顷；尚有可供开垦农用的海涂资源约100万公顷。

中国后备耕地资源主要分布在北纬35°以北，以东北地区、内蒙古、西北为集中，如果从黑龙江的兴凯湖经通辽至兰州划一条东北-西南向的斜线，在此线以北、以西地区，后备耕地资源约2867万公顷，占全国后备耕地资源总量的81%。

从社会经济条件看，后备耕地集中分布在人口稀少、交通不便、少数民族聚居、开发历史短、经济发展相对欠发达的边远地区，尤其牧业比重大的地区。

从热量条件看，后备耕地大部分分布在北纬40°～50°的温带地区，约占全国总量的62%。暖温带地区次之，占21%。从水分条件看，后备耕地主要集中在年降水量小于400毫米、干燥度大于1.5的干旱、半干旱地区。

后备耕地资源的质量较差。属质量好的一等地只313万公顷，仅占全国总量的8.9%；属质量中等的二等地800万公顷，占22.5%；质量差的三等地约2410万公顷，占68.6%。二、三等地占绝大多数。

（三）林地资源

中国林地资源相对数量不大，覆盖率低，分布不均，后备资源丰富，潜力大。

中国大陆有林地面积约1.87亿公顷，森林覆盖率为16.55%。

有林地的90%以上分布在东半部，东北、西南、

▼四川山区的竹林，很多竹林都是人工种植的，是中国林业资源的重要部分

▲中国南部林区，雨水充沛，森林资源相对丰富

东南、华南地区的丘陵山地森林资源丰富，西北地区、内蒙古与西藏的中、西部地区与人口稠密、经济发达的华北地区，以及黄河、长江下游地区森林资源稀少。

从质量上来说，一等林地面积约占全国林地总面积的65%；二等林地面积约占全国林地总面积的27%。

中国后备林地资源90%以上集中分布在东半部，其中南方地区包括西南、华南和江南的丘陵山区约占58%；东北与内蒙古东部约占28%；黄土高原约占5%。

（四）草地资源

中国草地资源面积大，类型多，但质量较低，主要集中于西半部。

中国草地资源约4亿公顷，其中天然草地面积约3.92亿公顷，可利用草地3.12亿公顷。主要分布于北部、西部年平均降水量小于400毫米的半干旱、干旱地区，部分零星分布在南部与中部地区。

中国中下等草地合计占87.15%，中国天然草地质量不高。一等草地面积占全国草地总面积的12.85%，以草甸草原与草原为主；二等草地面积占全国草地总面积的38.93%，以荒漠草原类型为主；三等草地面积占全国草地总面积的47.86%，以荒漠、沙生、盐生、沼泽和南方灌丛草地等类型为主。不宜牧草地约占0.36%。

（五）内陆水域与沼泽

中国内陆水域总面积为2660万公顷。其中：江河面积为1200万公顷，约占总水域面积的45%；湖泊面积为800万公顷，约占总水域面积的30%；水渠池塘、水库面积为666万公顷，约占淡水水域的25%。

中国海洋水域面积为4.73亿公顷。其中水深小于200米的大陆架为1.5亿公顷，占海洋水域的31.7%，其中：海岸带面积1400万公顷；沿海滩涂面积130万～200万公顷；可养殖水面近5万公顷。

▼呼伦贝尔草原，中国著名的草原之一

中国沼泽面积约1000万公顷。分布在东部地区为750万公顷，其中东北地区约500万公顷；分布在西部地区为250万公顷，其中青藏高原约占80%，北疆山地约占20%。

中国的生物资源

中国的生物资源具有起源古老、种类繁多、分布广泛等特点。生物资源又分为植物资源、动物资源和微生物资源几大类。

▲水汽笼罩下的热带雨林,是中国森林中的一种

植物资源

从植物资源来看,中国有高等植物32,800多种,占世界总数的10%以上,其中种子植物24,500余种。主要作为用材的裸子植物,世界上现有12科,近800种,中国天然分布有10科,236种。木本植物则几乎包括世界温带的所有科属,而且有许多是以中国为分布中心或发源地的。中国已经发现有各类用途的植物在万种以上,其中食用植物4300多种,工业用植物5200多种,传统药用植物1700多种,环保植物约660种。

中国的树种和森林类型繁多,乔灌木树种约有8000种,其中乔木约2800多种,包括1000多种优良用材及特殊用途的经济树种。中国特有的乔木有50多种(如水杉、银杏、银杉、金钱松、水松、连香树、珙桐、马尾树、水青树等),是世界上珍贵稀有树种最多的国家。松香、桐油、生漆、樟脑等林产品的产量居世界首位。中国拥有各类针叶林、针阔混交林。落叶阔叶林、常绿落叶阔叶混交林、常绿阔叶林、热带季雨林、雨林以及它们的各种次生类型。还有人工用材林和经济林,以及红树林、胡杨林、梭梭林、杜鹃灌丛等具有重要防护功能的乔木和灌木林类型。中国人口众多,资源相对短缺。森林资源长期处于总消耗量大于总生长量的"赤字"状态,不但制约林业的发展,也对中国的生态环境非常不利。中国政府和人民,数十年来坚持不懈,植树造林,每年以8000万亩、义务植树20亿株的速度发展。"三北"防护林、长江中上游防护林、沿海防护林、平原绿化以及速生丰产用材林基地等林业重点工程建设都取得了令人欣喜的成就。造林面积的

▼大树杜鹃,是高山杜鹃花中的稀有品种

扩大，造林质量的提高，促进了林木生长量的不断增加。到1992年，中国森林覆盖率已达13.4%，森林面积已达19.3亿亩，活立木总蓄积量已达108.68亿立方米。森林资源的年生长量已从1984年至1988年间的年均3.29亿立方米提高到1992年的3.66亿立方米，而年消耗量为3.27亿立方米。这样不但消灭了森林资源长期所处的"赤字"状态，而且年盈余约有3900万立方米，使中国林业发展发生了转折性的变化。

中国的草场资源也相当丰富。草原主要分布在东北平原西部，内蒙古高原、黄土高原至青藏高原南缘一线以西，绵延4500多千米。草地面积35,500万公顷，约53.2亿亩，其中可利用面积22434万公顷，约33.7亿亩，与澳大利亚、美国的草原面积差不多相等。在可利用的30多亿亩草场中，优质的占18%、中等的占46%、低劣的占36%。在辽阔的草原上，生长着各类饲用植物几千种，仅牧草就有4000多种，还有多种药用、纤维、染料植物。

植物资源中还有中草药资源。中国自古以来就重视利用植物资源来防病、治病。现在已发现可食用的中药材多达5767种，其中植物药材4773种、动物药材740种。中国还对一些药源较少的中药材进行了大量引种驯化，北药南种，南药北移，野生变家种、家养等，取得了很大成效。现在家种中药材近200种，种植面积30多万公顷，中药材收购量已达50万吨。

中国是世界上最大最古老的栽培作物资源中心之一。世界上最主要的栽培作物有90多种，中国常见的就有50多种，其中水稻、大豆、谷子、绿豆、小豆、苎麻等20种作物起源于中国。中国的蔬菜种类很多，分属于20多个科的200多种，普遍栽培的有70～80种，是世界上生产蔬菜最多的国家。中国还是最重要的果树起源中心之一和花卉资源最丰富的国家之一。

▲大草原，中国的草场资源主要集中在北部地区

动物资源

从动物资源来看，中国是世界上动物种类最多的国家，约有10.4万种，其中昆虫约10万种，鱼类2200多种，兽类450多种，鸟类1186种，两栖类210多种，爬行类320种。中国是世界上拥有野生动物最多的国家，仅陆栖脊椎动物就有2100多种，占世界种类总数的10%。闻名世界的大熊猫、金丝猴和台湾猴、牛羚、白唇鹿、白鳍豚、扬子鳄，以及中华鲟、白鲟等100多种，是中国特产的珍稀野生动物。还有丹顶鹤、白鹤、黑鹳、天鹅、

▲黑颈鹤，中国的珍稀动物

黄腹角雉、绿尾虹雉、白冠长尾雉等珍稀鸟类。鹤类全世界15种，中国有9种。雉鸟全世界有270多种，中国有56种，其中19种为中国所特有。

中国畜禽种源之多亦为世界之冠，有400余种，其中猪153种，牛61种，羊58种。猪、驴、骡、马、羊等主要牲畜的饲养头数和鸡鸭饲养量均居世界第一位。有许多畜禽是闻名中外的优良品种，如：伊犁马、三河马、秦川牛、南阳牛、关中驴、荣昌猪、内江猪、宁乡猪、陆川猪、新疆细毛羊、中卫山羊、宁夏滩羊，以及山东九斤黄鸡、芦花鸡、乌骨鸡、北京鸭、狮头鹅等，都有很高的经济价值。

中国共有淡水鱼类700多种，其中主要经济鱼类有100种以上，名贵鱼类和养殖的优良品种有黄河鲤、松江鲈鱼、松花江鲑鱼和兴凯湖鲤鱼等四大淡水名鱼和富春江鲥鱼、黑龙江大马哈鱼、长江中下游的银鱼、广东团鲤等。此外，还有虾、蟹、龟、鳖、贝等多种水生经济动物。

中国有数千种海洋生物，其中海洋鱼类有1500多种，经济鱼类300多种，高产鱼类约80种。据估计，中国近海和外海海域鱼类年生产量约为1500万吨（鲜重）。此外，还有各种软体动物。其中经济价值较大的有几十种。中国水深15米以内的近海水面和沿海滩涂面积2亿多亩，可供养殖的面积达2000多万亩，海水养殖的渔业年产量可达1000万吨。

微生物资源

从微生物资源来看，中国已经开发利用的有真菌资源、细菌资源、放线菌资源、病毒资源。微生物资源不仅直接被利用于人民生活中，而且在工农业生产和医疗事业上也得到广泛的应用。近年来，有关部门每年可提供微生物资源约3万株，并同国外有关单位建立了菌种交换关系。

▼金丝猴家族，金丝猴是中国的珍稀动物

▼大熊猫，中国独有的珍稀物种

中国的矿产资源

中国矿产资源的基本特征

一、种类多,资源总量丰富。

中国幅员辽阔,地质条件复杂,矿藏资源丰富。到目前为止已发现的矿藏已达160余种,世界上已发现的矿种我们基本上都有,中国是世界上矿种比较齐全、配套程度较高,储量也很丰富的少数国家之一。在已发现的160多种矿藏中,已有148种初步探明了储量。针对20世纪末21世纪初(2000年和2020年)国民经济发展战略

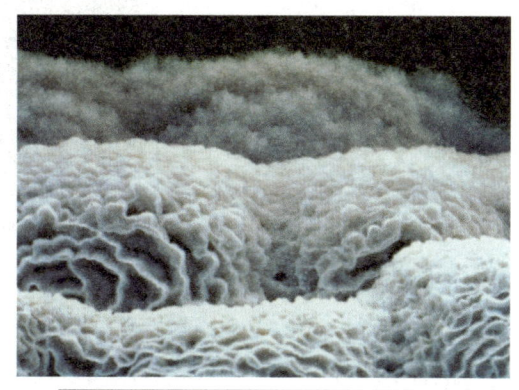

▲漂亮的结晶盐花,中国盐产资源也比较丰富

目标,依据矿藏资源的储量、质量和找矿的远景与技术条件,对40种重要矿藏进行评估,按资源保证程度可分为四个类级:

第一类级,储量丰富,自给有余,有部分可供出口的计19种,它们是:煤、钨、锡、钼、稀土、盐、石墨、萤石、菱镁矿、重晶石、滑石、石膏、高岭土、硅藻石、膨润土、硅灰石、水泥灰石、玻璃硅质原料和石材。

第二类级,可基本满足需要,但也有缺口的,计11种,它们是:铁、锰、铅、锌、铝、镍、硫、磷、铀、石棉和海泡石等,其中铁矿缺口较大。

第三类级,有一定资源潜力,但可供规划用的探明储量缺口较大,它们是:石油、天然气、铜、金、银等5种(这些矿种的潜在储量仍然很大,据估测,石油的探明储量只占储量的19%,天然气只占2%,煤也只占三分之一。)

第四类级,探明储量不足,资源远景不明的计5种,它们是铬、铂(族)、金刚石、硼、钾盐等。

二、多数一类矿藏富矿少,贫矿多,选矿难度大。

中国铁矿石缺口较大,不是因为储量少(中国铁矿探明储量几近500亿吨,居世界前列),主要是因为品位＞50%的富矿仅占2.3%,95%以上的

◀正在休息的矿产勘察工作者,此图为勘察工作者在高原地区的勘察实录

储量均为平均品位33%上下的中低品位矿石。中国铜矿的探明储量已达5900余万吨,亦位居世界前列,但品位＞1%的富矿仅占35%,加上伴生组分多,大大增加了选冶的难度和费用。论储量,中国铝土矿也很丰富,但矿床类型主要属一水型的硬铝矿石,二氧化硅含量大,品位低,铝、硅比值

▲矿藏丰富的北部山区

＞7的富矿仅占27%,＜5的贫品位矿石占38%,亦增加了选冶的难度和成本。其他如磷矿、锰矿都有类似特点。在已探明的储量中,贫品位的磷占44%。贫、杂、难选的锰占94%。

三、共生矿床多,矿石组分复杂。

由于许多成矿元素,如亲铜元素、亲石元素以及介于二者之间的过渡性元素,其地球化学性质均具有近似性,在成矿过程中常常形成共生、伴生矿床,使矿石矿物组分变得十分复杂。这种由多种成矿元素组合而成的矿床,通常称为综合性矿床,这是自然界矿藏形成的普遍规律,中国也不例外。据统计,中国具有其他矿物组分共生、伴生的铁矿,即占全国铁矿保有储量的41%。其组分有铁－钛、钒型,如攀西铁矿;有铁－锅稀土型,如内蒙古的白云鄂博;有铁－铜－钴－金型和铁－锡－硫型等。至于有色金属矿床,几乎90%以上都属具有综合组分的矿床。如甘肃金川镍铜矿,伴生的组分就有金、银、钴、铂、钯、锇、铱、铑、硒、碲、碘、镓、锗、钼等20余种;湖南柿竹园的钨矿则是一个由钨、锡、铋、钼等组成的综合矿床;云南个旧的锡矿是由锡、铜、铅、锌等多种金属矿伴生。非金属矿藏,包括煤、石油、磷等在内均有多组分的特点,如磷矿常伴有稀土、铀、铁、钒、钛、硫、铝、碘等。

▼黄晶,是中国常见的矿石

在不同技术经济条件下,矿床多组合性可以是一个缺点,但也可以形成一种优势。因为组合性矿石,选冶流程比较复杂,和单一矿石相比,需要较好的设备,较多的费用。但如技术先进,则可同时回收多种矿产资源,使一矿变多矿,小矿变大矿,贫矿变富矿,增加矿产总储量和产量,大大提高投资效益。

四、分布普遍但又相对集中。

在中国,许多重要矿藏分布地

区很广，如煤炭分布于全国 28 个省区；27 个省区均有铁、铜分布，有 24 个省区有磷分布，19 个省区有钨的分布。但这些矿藏大部分储量却相对集中于少数省区如煤炭 61% 的探明储量集中于山西、内蒙古两个省区；三分之二以上探明储量的铁集中于辽、川、冀、晋、皖、鄂、内蒙古、鲁、滇等 9 个省区；82% 探明储量的铝土矿集中于晋、豫、黔、桂四省区。其他如湘、赣二省集中了全国钨的 65%，湘桂二省区则集中了全国锑的 64%。此外贵州汞的探明储量占全国的 71%，内蒙古的稀土占全国 97%，辽宁的菱镁矿占全国的 84%，青海柴达木的钾盐占全国的 96.8%。

矿产资源地区分布的极端不均衡性，就要求在开发矿业发展地区经济时，必须加强地区之间的协作，互通有无，余缺互补。此外，中国有相当多的矿藏，矿床规模多以中、小型为主，可与世界著名大型矿床相比的不多，所以在矿藏资源开发利用上，必须大、中、小并举，国家经营与地方经营相结合，充分利用中、小型矿床，大力发展地方产业。

中国的煤炭

中国煤炭资源总量丰富且分布相对集中。全国煤炭预测总资源量达 50,592 亿吨，其中 1000 米以浅为 26,704 亿吨，1990 年末累计探明 9700 亿吨。在全国预测总资源量中，太行山－雪峰山以西的 11 个省区占全国的 89%，以东只占 11%；秦岭－大别山一线以北地区占全国的 93.6%，而其以南的地区只占 6.4%。尤其是所谓"三西"（山西、陕西、内蒙古西部）地区和新甘宁青四省区，各占全国 40%。在已探明储量中，"三西"更占到 62% 的比重，西北四省和西南云贵川三省各占 10% 上下。整个东部和长江中下游以南广大地区煤炭资源有限，仅黑龙江、河北、山东和安徽相对较多。

中国煤炭品种齐全但数量与地区分布不平衡。在 1989 年底保有储量中，低变质的褐煤和低级烟煤（弱粘、不粘和长焰煤等）占 52.9%，炼焦煤类占 28.7%，高变质的无烟煤、贫煤等占 18.4%。炼焦煤品种比例不均，其中气煤占 52%，而强粘结的主焦煤只占 19%，肥煤只占 12%，再加上有的炼焦煤产地分散或灰、硫分偏高等，真正能用于炼焦的仅为一半左右。

在地区分布上，秦岭－大别山一线以南地区变质程度高，大多为无烟、贫、瘦等煤种。秦岭

▼这 4 幅图展示了煤炭的形成过程

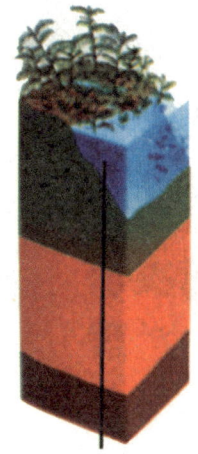
死亡的植物形成泥炭

泥炭变成褐煤

烟煤在挤压下形成

无烟煤煤层最后形成

▲中国煤矿多处于山区，山间是山区运煤的道路

—大别山以北变质程度大体上由燕山、太行山、伏牛山向两翼逐渐减弱，即由无烟煤、贫煤、炼焦煤到低级烟煤等。无烟煤集中分布在山西、贵州、河南、四川以及河北、北京等六省市，合占全国的90%以上，其中山西独占45%，是全国优质无烟煤基地。炼焦煤主要分布于山西、河北、河南、安徽、山东、贵州和黑龙江，共占全国80%左右，其中山西独占56.4%。气肥焦瘦各牌号也占全国的一半以上，是全国主要基地。其余各省，除河北品种较全外，华东、东北气煤有余，而东北缺肥煤、瘦煤，华东缺主焦、瘦煤。低级烟煤，山西、内蒙古、宁夏、新疆、甘肃合占全国97%。

中国煤炭不同品种的煤质差异较大。中国煤炭灰分普遍较高，且变化大，一般灰分为15%～25%，小于10%的特低灰分煤约占保有储量的15%～20%。保有储量中硫分小于1%的特低硫煤约占45%，主要分布于北方；大于4%的高硫煤约占2%～5%，主要分布于西南、中南以及山西、山东、陕西局部地区，脱硫比较困难。

中国炼焦煤一般灰分都在20%以上，低灰分的很少；含硫也以中硫居多，硫分大于2%的占炼焦煤类的20%以上；低灰又低硫的炼焦煤更少，而且往往粘结性强的炼焦煤硫分越高，大部肥煤含硫均在2%以上，硫低灰高的一般可选性较差；气煤中则低硫的占75%，且易选者居多。

中国无烟煤多属于中灰、中或低硫，中等发热量，高灰熔点；少数矿区煤质特优，低级烟煤大多低灰低硫，是优质动力煤，部分可作气化原料煤和炼焦配煤。褐煤，北方多低硫而南方多高硫。

中国煤炭赋存条件多数较好，局部较差。

煤层埋藏较浅，埋深小于300米的约占保有储量的35%，300～600米的占45%。一般说东部平原区埋深较大，西部山区较浅。

煤层厚度以薄和中厚为主，巨厚煤层较少；适于露天开采的储量不多。

从建井条件看，约有1/3以上的煤田覆盖层小于100米，没有多大困难。一般说北方矿区的建井条件优于南方，西部优于东部，而以晋陕蒙的煤田地质条件最好。多数矿区缺少水源，尤以华北、西北地区为严重。

中国的石油资源

中国在一次能源生产和消费中，石油是仅次于煤炭的第二大主要能源。中国石油资源丰富，储量、产量均居世界前列。自1978年以来，中国原油年产量均超过1亿吨，1996年产量1.5733亿吨，次于沙特阿拉伯、美国、俄罗斯、伊朗，居世界第5位。

中国石油地理分布不均，勘探程度差别很大。目前石油探明储量多集中在黑、冀、鲁三省。探明可采储量约占全国的70%。80年代以来，开始

▼石油和天然气的形成过程

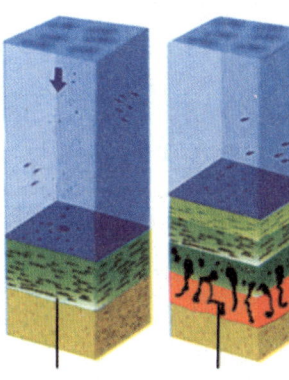

生物遗骸飘落到海底　石油和天然气形成　石油和天然气向上移动　贮油层和断层天然气

开发柴达木盆地、塔里木盆地和吐鲁番－哈密盆地的油田。在近海大陆架石油勘探中，先后发现了渤海盆地、南黄海盆地、东海盆地、南海珠江口盆地、北部湾盆地和莺歌海盆地6个大型含油盆地，展示了中国海上油气资源的广阔前景。

中国主要的油田有大庆油田、辽河油田、中原油田、胜利油田、华北油田。

大庆油田位于黑龙江省西部松嫩平原上。1959年9月第一口油井喜喷工业油流，正值建国10周年前夕，故名大庆油田。大庆油田的开发使中国甩掉了石油工业落后的帽子，跨入了世界重要产油国行列。从1976年起大庆油田的原油产量一直稳定在5000万吨以上，1990年产原油5562万吨。大庆油田已成为中国最大的综合性石油生产基地。已建成大庆—铁岭—秦皇岛、大庆—铁岭—大连输油管道，并在大连与秦皇岛分别建有5～10万吨级的油码头，专供输送大庆原油。大庆亦已成为一座新兴的石油城。大庆油田除产石油外，还有天然气资源。

辽河油田位于渤海辽东湾北岸，辽宁省的辽河中下游平原上。自1969年起开始投产。1990年产原油1360万吨，现已成为中国仅次于大庆油田和胜利油田的第三大油田。所产油气主要供应附近一些老工业基地。盘锦地区年原油加工能力已超过100万吨。

中原油田地处山东与河南两省交界处，包括黄河两岸九个县市。自1975年起陆续开始投产。1991年产原油610万吨。中原油田还有丰富的天然气。中原油田已成为中国东部地区的天然气石油化工基地之一。

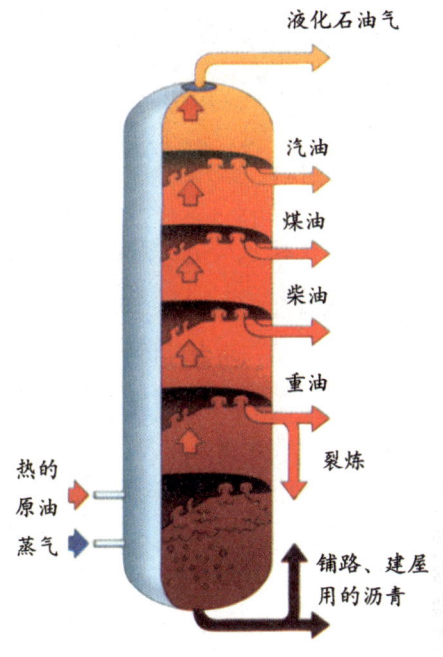

▲石油的分馏，石油能够分馏出多种物质，使用价值比较高

胜利油田位于山东省境内黄河三角洲上。1964年开始投入开发。1990年产原油3351万吨，为中国第二大油田。已建成东营—黄岛、东营—临邑、临邑—仪征输油管线。由于胜利油田的大规模开发，在昔日芦苇丛生的黄河三角洲上，已经出现了一个崭新的"石油城"——东营市。

华北油田位于华北平原北部。1975年开始投产，1979年产油量达1733万吨，占当时全国原油产量的17%。1984年产原油1020万吨，是中国单井产量较高的大油田。这些年产量逐渐下降，1991年产原油500多万吨。已建有输油管道以供北京原油之需。

中国陆上第一口油井

中国陆上第一口油井坐落在陕西省延长县县城附近西桥小学的操场边上。油井已用漂亮的铁栏杆围起来。在苍翠的松树林中耸立着一架绿色的抽油机。抽油机旁竖立着一座气势宏伟的石碑。走进铁栏杆，黑色大理石砌成的石碑上"中国陆上第一口油井"9个金色大字便映入眼帘。这9个大字是1985年由原石油工业部部长康世恩题写的。石碑的碑座，用三块汉白玉砌成。碑座正面的浮雕为沈括的头像以及他的名言："石油至多，生于地中无穷"。碑座背面的浮雕是，在苍松下，一牵马小童，侧过身子望着下马的官人，那官人含笑弯腰正在向一老者施礼询问着什么，坐在一块大石头上的老者手指地下，像在讲述地下宝藏无穷。这浮雕生动地描述着当年在延一带任官的沈括深入民间探寻石油生出和使用状况的情景。碑座两侧的雕刻则是反映从古至今石油开采、冶炼的技术发展的情形。

据碑文介绍，中国发现石油历史很久，但一直未形成工业生产规模。到清朝末年，中国每年进口"洋油"7.8亿斤，支付白银1500万两。国内有识之士面对这种形势，为了"陕民开一生计"，也为了"为中国塞一漏卮"，于是奏请朝廷批准，于1905年创建"延长石油官厂"，聘日本人为技师、工匠，并从日本购进采油机器，开始工业化采油。1907年6月5日开钻，10月钻至81米完井，名曰"延一井"，即今日铁栏杆围起来的这口油井。这口井开始日采油量1000至1500公斤，并用小铜锅提炼。日产灯油15.5公斤。后来又专门建成炼油房加工原油。据记载，产品运销西安等地试用，"烟微光白，不逊洋油，一时内外播扬，腾誉社会，振奋人心"。以这口井为开端，延长油矿得以立足发展。中国陆上石油的近代工业化开采实肇始于此。

▼陕西延长县的农村，中国第一口油井离此不远

据介绍，这口油井到1934年枯竭，累计采油2550吨。1978年加深至118米，压裂后，日产油2900公斤。1985年再加深到152米，压裂后，日产油3000公斤。

中国的海洋资源

▲中华鲟

中国海洋中，可以开发利用的资源，如海水、生物、矿产、油气、潮汐资源均十分丰富。

海洋生物资源

中国海洋生物资源丰富，共有20,278种，以鱼类、头足类、虾蟹类为主，其中鱼类数量最大。

中国近海海域鱼类有1694种，其中150多种属重要经济鱼类。仅分布于中国海域的特有鱼类主要有广东鳂、中华鲟、白鲟、中华小公鱼、尖头银鱼、短头鳗鱼、黄唇鱼、中华马鲛等。

中国近海海域的虾类有300多种、磷虾类42种、蟹类600多种，产量最多的是对虾、毛虾、鹰爪虾、白虾、龙虾及三疣梭子蟹、青蟹等。

中国海洋生物资源面临的主要问题是：（1）渔业捕捞过度，海水养殖管理不善。（2）河口、港湾和海水养殖密集区近岸水域，存在不同程度的污染问题。（3）围垦、水利、海洋工程的不良影响。（4）珍稀海洋生物濒危。

海水化学资源

（一）海盐

海盐是中国盐业资源的重点，5000多年前（仰韶时期）就已从海水中生产食盐。中国海盐产量居世界首位。北方沿海滩涂，由于受季风气候的影响，高温、少雨、强日照、多风同期集中在4—5月，成为中国盐田的集中分布区和海盐生产基地。北方海盐生产分为辽宁、长芦、山东和江苏四盐区。

▼海盐

地下卤水资源是渗漏到地下的浓缩海水，其浓度一般比海水高2～6倍，从中不仅可提取氯化钠、氯化钾、芒硝等，而且含有溴、碘、铀、锶、铜等多种元素。

▲海水淡化装置

据调查，莱州湾沿海，河北、天津、辽宁沿海地区均有地下卤水发现。

（二）海水中其他化学元素的提取

海水中溶存着80多种元素，其中不少元素可以提取利用，具有重要的开发价值。据计算，每立方千米海水中含有3750万吨固体物质，其中除氯化钠约3000万吨外，镁约450万吨，钾、溴、碘、铀、钼、铀等元素也不少。

（三）海水资源利用

海水资源，专指海水中的淡水资源及海水的直接利用。由于世界淡水资源日趋短缺而海水却极为丰富，通过海水淡化工程把海水中的淡水开发出来，是未来海洋资源开发的一个重要课题。

海水淡化现有20多种技术方法。目前技术纯熟、经济效益较好的是蒸馏法、电渗析法和反渗透法。

海水直接利用，包括沿海工业冷却用水（特别是在电力、冶金、化工等行业）、生活用水（如冲洗、除尘、消防等）和耐盐植物灌溉。这是海水资源开发的另一领域。

海底矿产资源

（一）海洋石油和天然气

中国近海海域广阔的大陆架，它们既有长期的陆地湖泊环境，又有长期的浅海环境，接受了大量的有机物和泥沙沉积，形成了数千米至万米厚的沉积层，其油气资源之丰富，在世界上也是不多见的。

中国近海海域共发现18个中新生代沉积盆地，总面积约130万平方千米，其中近海大陆架上已发现的含油气沉积盆地9个，面积90万平方千米，较深海区已发现的含油气沉积盆地9个，面积40万平方千米。石油资源量约500亿吨，天然气资源约22.3万亿立方米。

（二）滨海砂矿

中国海岸线漫长，入海河流携带的含矿物质多，东部地区因经受多次地壳运动，岩浆活动频繁，形成了丰富的金属和非金属矿藏。这些含矿的岩石风化后的碎屑就近入海，在海流、潮流作用下，于海岸带沉积形成矿种多、资源丰富的砂矿带。滨海砂矿经济价值明显，一些在工业、国防和高科技上有着重要意义的矿藏即来源于滨海砂矿。

已探明具有工业储量的滨海砂矿有锆石、独居石、锡石、钛铁矿、磷钇矿、金红石、磁铁矿、铬铁矿、铌铁矿、钽铁矿、砂金、金刚石和石英砂13种。已探明重要矿产地90多处，各种矿床200多个。

自然环境和成矿条件的差异，造成滨海砂矿的分布很不平衡，总的趋势是南多北少，海南、广东、广西、福建（台湾未统计在内）4省区几乎占矿床数的90%，储量更在90%以上。

滨海砂矿在北方主要分布在山东、辽宁两省。

海洋能资源

中国沿海各种形式的海洋能蕴藏量总功率约4亿～5亿千瓦。其中温差能最为丰富，其次是潮汐能、波浪能、海流能。

中国潮汐能资源蕴藏量大，可开发装机容量达2197万千瓦，年发电量624亿千瓦时。潮汐能资源分布不均，主要集中于东海沿岸，以福建和浙江最多，约占全国可开发装机容量的88%。

海域波高的分布总趋势是北低南高，但在南海的北纬15°以南则相反，北高而南低。全国沿岸波浪能资源理论平均功率为1285万千瓦，其中以台湾省最多，约占全国总量的1/3，其次为浙江、广东、福建和山东沿岸，占全国总量的55%。

在低纬度海洋中，可利用表、深层的温、冷海水的温差能转换成电能。中国海洋温差能资源蕴藏量大，南海和台湾东岸太平洋海域，其温差发电的装机容量约可达1.5亿千瓦。

▼美丽的海浪 波浪能是指海洋表面波浪所具有的动能和势能

第九章
中国的工农业生产与交通运输

中国西高东低，呈阶梯状下降的地势特征，对自然环境和社会经济活动都有着重要的影响。地势特征对气候、水文等自然地理要素的影响，又反映到对土壤、植被、动物等的影响上。地势特征对社会经济活动的影响很大。中国东部的第三级阶梯，地势较低平，这里成为人口稠密、农业条件较好、交通便利的地区，为农工交等经济的发展提供了有利条件。第二阶梯，地势起伏较大，多高原、盆地和山脉，交通条件不如东部，但却有利于农业的多种经营，是中国重要的农牧业区。第一阶梯的青藏高原，地势高，气候寒，自然条件独特，经济活动也具有特色。

中国的农业生产和粮食问题

中国农业的地域差异

中国各地区光、热、水、土等自然条件的不同决定了农业地域的明显差异,如中国农业的地域差异首先是东部与西部的差异,其次是南北之间的差异,最后是中、高山地区上下之间的垂直差异。

中国最大的农业地域差异是东西部的地域差异。形成差异的根本原因是自然地理环境的巨大差别,其中最突出的是水分条件的差异。综合中国自然条件的地带性

▲辽阔的大牧场

与非地带性因子的地域差异,全国可划分为三大自然区域:东部季风区,约占国土面积的45%;西北内陆干旱区,约占国土面积的30%;青藏高寒区,约占国土面积的25%。三个区域的农业特征存在本质的差别,东部的季风区形成农业区,西部的西北内陆干旱区和青藏高寒区形成牧业区。

东部农业区和西部牧业区,南北之间的农业特征均存在差异,尤以东部农业区更为明显。东部农业区南北之间的界线主要是秦岭—淮河线,西部牧业区则以昆仑山—阿尔金山—祁连山为南北界线。

▼中国中部地区的麦田,小麦是中国最重要的粮食作物之一,主要产于中国中部和北部

东部农业区南北之间的农业地域差异，主要受纬度地带性因子水、热资源分布的影响，最大差别是耕地类型不同。秦岭—淮河线以南（年降水量≥800mm）的广大丰水地区，水田为基本耕地类型，约占全国水田总面积的93%；秦岭—淮河线以北地区，旱地为基本耕地类型，约占全国旱地总面积的85%。土地利用方式上，南方地区农林牧用地比较均衡，而北方地区林牧用地偏少。南北之间的农业差异，还表现为因热量的地带分布造成的适生作物和熟制的不同。南方地

▲农民自养的肉猪，中国大部分地区的农民还保持着家庭养殖的习惯

区属亚热带、热带气候。其中，亚热带地区以水稻、小麦为主，可一年两熟到一年三熟，适种茶叶、毛竹、柑橘、油菜、龙眼、荔枝等；热带地区种植喜温作物，可一年三熟，适种咖啡、可可、橡胶、椰子等。北方地区属温带气候。其中，寒温带只适种早熟的耐寒喜凉作物，一年一熟；中温带以春麦为主、一年一熟；暖温带以冬麦为主，两年三熟。

西部牧业区南北之间的农业地域差异，即北方西北内陆干旱区与南方青藏高寒区的差别。北方的土地利用，以天然草地放牧业和灌溉的绿洲农业为主要利用方式，农林牧用地比例为1：0.3：10，林地比重很小；南方地区的土地利用，以广大天然草地放牧业为主要方式，农林牧用地比例为1：7.5：69，耕地严重不足，牲畜、农作物、林木都具高寒区的特点。

中、高山地区的农业地域差异是上下之间的垂直差异。海拔1000m以上的中、高山，其水、热条件随海拔增高而呈带状的有规律更替，从而引起农业的垂直差异，即通常所称的立体农业。在不同纬度和海拔水平地带内，其垂直带结构类型各不相同，因而农业垂直结构的类型也有差别。大致可分为东部季风湿润型、西部内陆干旱型和青藏高寒型三种结构类型。

▼黄色的菜花传递着丰收的信息

东部季风湿润型山地，从山麓到山顶，主要呈现热量的减少，垂直带结构从北到南由简单趋于复杂，由寒温带山地的2～3个带到热带山地的4～5个带，农业的垂直分异现象更趋复杂。西部内陆干旱型山地，随海拔上升，气温渐降，湿度增加。垂直

▲中国西部的石山，中国有很多这样的石山，缺少植被

带的变化，主要受湿润程度的影响，农业上反映为草地类型和森林类型的布局，自下而上，一般按荒漠、荒漠草原、草甸草原、森林、亚高山的次序排列。青藏高原的山地，随海拔的升高，反映其高寒的程度，大部分地区从下而上可分为3个垂直带：高原寒温带（海拔＜3400m），有农、林业；高原亚寒带（海拔3400～4800m），只有牧业；高原寒带（海拔＞4800m），为无人区。

由上述基本情况可知，中国农业土地生产力和农业生物结构的差异有着深刻的地域背景，在短时期内，这种差异是无法消除的，它们是受真正的长时段过程控制的。不过，这并不意味着在大自然的安排面前人类只能俯首帖耳，人类的历史就是不断把"命运"变为"选择"的历史。农业发展的历史，就是人类不断克服自然强加于人的限制，持续提高土地生产率和劳动生产率的历史。但是即便在科学技术突飞猛进的今天，人类的农业活动在大的空间尺度上仍然受着农业自然环境分异的控制，从而形成了众多风格迥异的农业区域系统。

中国农作物分布

中国国土陆地面积中，平原占12%，盆地占19%，高原占26%，丘陵占10%，山地占33%。东西、南北跨度都在5000km以上，加之地势、地貌千差万别，有海拔最低为-155m（艾丁湖）的吐鲁番盆地，也有海拔8848m的珠穆朗玛峰，都是世界极端，各地气候差异悬殊，温度、降雨差异尤其明显。因此，中国作物分布存在明显的水平和垂直的空间分布以及年度、季节的时间分布差异。加上地区间经济发展、社会历史条件等不一致，作物生产之间的差异更大。依自然、社会、经济条件常将中国作物栽培区划分为八大区：长江流域、华南沿海、云贵高原、华北平原、黄土高原、东北平原、内蒙古高原、新甘灌溉区、青藏高原。

▼南方的农民在进行稻田耕作

中国农业精耕细作，复种指数高，常年作物播种面积约占世界耕地面积的10%，一般粮食作物播种面积占75%，油料作物占8%，棉花占3.5%左右。

中国是农业大国，粮食作物总产量一直居于世界前列。粮食作物中，稻谷所占面积最大，达27.5%，占粮食作物总产的39.5%，其次是小麦，再次是玉米。这三种作物相加,占播种面积的73.3%,占粮食总产的84.1%。单产以稻谷最高,玉米次之,小麦列第三。

中国是世界上最大的稻谷生产国,常年总产占世界的1/3强。中国也是世界大米的主要消费国,大多数居民以大米为主食。水稻主要在南方各省栽培。湖南、四川、江西、广东、广西、湖北、江苏、安徽、浙江、福建10个省区的播种面积处于全国前列,共占全国播种面积和稻谷总产的83%以上。湖南、广东、广西、江西、浙江等省区的双季稻面积较大。

中国小麦年产量约占全世界的1/6,与俄罗斯、美国为世界三大小麦生产国。小麦是中国北方和西北居民的主粮。河南、山东是中国最大的两个产麦省,播种面积也居全国前列;其次是河北、四川,兼有南北之利的江苏、安徽也是小麦生产的重要省份;还有陕西、甘肃、湖北、黑龙江、内蒙古、山西等省区,其中黑龙江、内蒙古是中国的春小麦主产省区。

中国是仅次于美国的第二大玉米生产国,玉米播种面积和总产分别占全世界的1/7和1/6左右。中国有一条从东北至西南的玉米生产带,主要分为三大集中产区。最大产区为华北及黄河流域的山东、河北、河南、陕西、山西,播种面积和总产占全国的40%左右。第二集中产区是东北地区,也是中国春玉米的主要产区,包括黑龙江、吉林、辽宁、内蒙古(东北部),播种面积和总产分别占全国的30%和37%左右,单产水平在全国领先。第三产区是西南丘陵玉米区,包括四川、云南、贵州、广西,玉米多熟种植,单产不高。

▲云南地区的梯田,梯田旁边是玉米地,中国西南地区是玉米的重要产地之一

大豆为原产于中国的重要粮食和油料作物,在世界贸易中占重要地位。但中国大豆出口贸易在世界上处于美国、巴西、阿根廷之后仅列第四位。东北、华北是中国大豆的主产区,黑龙江、内蒙古、吉林、辽宁、河北、山东、河南、陕西、山西、安徽和江苏(北部)等省的大豆生产在全国占重要地位。黑龙江省大豆播种面积和总产占全国的30%和32%左右,处于绝对优势地位。

薯类种植面积较大的省区有四川、河南、山东、广东、安徽、贵州、河北、湖北、湖南、陕西、福建、云南、甘肃、广西、山西、内蒙古等,其中四川省占全国的20%左右。中国甘薯产量占世界的90%以上,甘薯分布极广,遍布全国各省、区、市。马铃薯较集中种植在西南的四川、贵州、云南、湖北西南部,西北的甘肃、陕西及华北、东北北部的内蒙古、山西、河北、黑龙江等省区。

棉花是重要的经济作物,中国棉花生产一直受到党和政府的高度重视,自1982年以来总产一直居世界首位,占世界的1/4左右。棉花主要集中分布在长江、淮河、黄河流域

▲农民在收获棉花,棉花是重要的工业原料

及新疆维吾尔自治区。

中国的麻类分区基本上是长江中上游的黄红麻、苎麻种植区和黑龙江的亚麻种植区。全国麻类作物中黄红麻面积和总产占 1/2;苎麻面积占 1/5,总产占 1/7;亚麻面积占 1/4,总产占 1/3。黄、红麻面积和产量以河南、安徽、四川三省最大,三省相加超过 70% 的份额。苎麻以湖北、四川、湖南三省为多,三省共占全国的 80% 以上。亚麻则主要集中在黑龙江省,占全国的 90% 左右。

五大油料作物是指油菜、花生、芝麻、胡麻、向日葵,而大豆油、棉籽油也是中国四大食用油的两种(另两种是菜油和花生油)。播种面积在 53.3 万公顷以上的省区,依次是河南、安徽、四川、山东、江西、湖北、湖南、江苏、河北、内蒙古等 10 个省区。总产则有山东、河南、安徽、四川、湖北、江苏、河北超过 100 万吨。芝麻主要分布在河南、湖北、安徽、江西、河北、陕西等。向日葵主要分布在高纬度地区的内蒙古、山西、新疆、吉林、黑龙江、河北北部及陕西北部。胡麻分布在西北、北部的甘肃、内蒙古、山西、河北、宁夏、新疆、陕西。

冬油菜是唯一的越冬油料作物。油菜籽是国际贸易的重要产品。中国食用油中,菜油已超过 40%。油料作物中,油菜面积占 50%,产量占油籽总产的 40% 左右,分布集中于长江流域的安徽、四川、江西、湖南、湖北、江苏等,约占全国 70%,贵州、河南、浙江也占一定比例,春油菜集中在内蒙古。

花生油是一种优质食用油。花生在中国的种植历史已相当长,主要分布于黄淮地区和华南沿海,面积占油料作物总面积的 30%,总产占 50% 左右,在油料作物中占很大的比重。山东、河南、河北三省的花生面积占全国的 50%,总产占 60% 以上。广东、广西、四川、安徽、江苏等省区也占一定比例。

糖料作物包括南方的甘蔗和北方的甜菜。甘蔗播种面积和总产占糖料作物的 60% 和 85%。广西、广东、

▼山区的农民在饮茶,茶果也是一种油料,而且油质很好

云南、海南四省区总面积占全国的80%以上，福建、江西、湖南、四川也有一定的种植面积。甜菜播种面积和总产占糖料作物的40%和15%左右。黑龙江、内蒙古、新疆三省区甜菜面积占全国的80%，产量占70%。甘肃、宁夏、吉林、辽宁、山西、河北也有一定的种植面积。烟草播种面积和产量较大的省份依次是云南、贵州、河南、四川、湖南、湖北、黑龙江、山东、陕西等省。

▲中国南方农民在田间收获甘蔗

药用作物播种面积和产量较大的依次是四川、湖南、甘肃、陕西、湖北、安徽、吉林、河南、新疆、广东、云南等省区。

中国的粮食问题

粮食问题是当今举世瞩目的迫切问题之一。在世界粮食生产中，中国作为世界第一人口大国，粮食生产占了举足轻重的地位。早在1994年，美国地球政策研究所所长莱斯特·布朗就曾在《谁来养活中国人？》一文中指出，如果中国人不能养活自己，那么他们将使世界挨饿。

具体来说，中国粮食问题主要存在以下原因：

1. 粮食生产周期限制粮食的亩产。粮食生产周期为4～5年，大体上为两年一平一丰收，1995年来连续几次的粮食丰收使供给过剩，从1999年起，中国粮食进入歉收期。

2. 由自然因素产生的粮食问题。①从1949年到1998年，全国平均每年受旱灾面积为3.24亿亩，约占全国播种面积的17%。到1998年底，中国有效灌溉面积为8.01亿亩，虽然生产了占全国67%的粮食、60%的经济作物和80%的蔬菜，但却耗费了大量的灌溉用水。②中国耕地在承受人口和城市化巨大压力的同时，还面临水土流失的剧烈侵蚀，全国年均有100万亩耕地因此丧失利用价值。③土壤侵蚀造成耕地水、土、肥流失后，土地日益瘠薄，田间持水能力降低，加剧了干旱的发展。滑坡、泥石流等灾害严重。④中国是一个水资源紧缺的国家，据有关人士预计，2050年前，中国粮食产量要比现在增加1400亿公斤以上，这意味着农业灌溉总用水量必须增加。在工业与农业争水时，农业显然居于不利的地位。因为中国大陆需要1000吨水来生产一吨小麦，价值大约200美元。

3. 粮食种植结构的调整限制粮食供给能力。主要原因在于粮食供应的地区结构和品种结构不适应变化了的消费需求，中国南方每年有近2000万吨稻谷喂猪，而东北粮仓却产生卖玉米难。广东省早稻积压，但同时进口大米。吉林两次卖难积压的玉米都是产量高、粉质多、口感不好的粉质玉米，而南方产粮大省积压的粮食主要是早籼稻。以湖南省为例，市场畅销的粳稻、糯稻仅占稻谷总产量的3%,籼稻占94%,每年粮食收购总量的90%是早籼稻,而早籼米垩白度高,口感不好。

4. 农民生活水平、国家政策、耕地面积的占用、退耕还林所导致的粮食作物播种面积逐年减少。

中国的粮食问题具有复杂性、艰巨性和长期性等特点,是一项庞大系统工程。要使这个问题获得全面、持久的解决,就需要整个国家的人民做出共同努力。

粮食问题是严重的、迫切的,但不是不能解决的。为了解决中国粮食问题,我们应该做到以下几点:

▼土壤侵蚀造成土地日益瘠薄,田间持水能力降低,加剧了干旱的发展

1. 有计划地控制人口的增长。在中国耕地面积很难增加而且不断缩小的情况下,如果世界人口增长过快,增产的粮食被增长的人口所抵消,人均占有的粮食产量就难以提高,甚至会减低。由此可见,如不控制人口增长,粮食问题就难以解决。反之,如果能控制人口,又能提高粮食产量,人类的粮食供应就会得到保障,人类的营养状况也会得到改善。

2. 依靠科学技术的提高与推广,开展新的绿色革命,提高农业生产率;重视解决农村贫困问题及治理和保护生态环境等。为了不断增产粮食,保证人类有充足的粮食供应,一方面要为农业生产开拓新路,大力开展生物科学的研究,利用遗传工程培育新的优良品种,大幅度提高农畜产品产量;一方面要更加充分合理地利用和保护现有的土地资源、水资源和生物资源,注意保护生态环境,控制人口增长,使人的生产与粮食生产和供应保护相对平衡与协调。

3. 提高现有耕地的单位面积产量。中国肥沃而便于耕种的土地,现在差不多都已开垦。剩下的可耕地数量已不多。不仅如此,由于人口增长,工业发展,城市扩建,房屋和交通占地等原因,耕地面积还在不断缩小。因此,为了增加粮食生产,就必须提高现有耕地的单位面积产量。

4. 尽量改变落后的社会制度和生产关系,把发展农业技术,努力增产粮食同支持和援助贫困国家、建立公平合理的国际经济新秩序紧密结合在一起。把确保国家和家庭粮食安全置于国家发展政策的首要地位,使社会的所有部门、各行各业都能保护和促进农业增产。

5. 加强与他国合作,包括为增加生产提供更加开放的市场准入,提供合理而可预测的农产品价格趋势信息,加强对农业资源环境和贸易变化的监测,在农产品贸易、资源管理和技术研究开发等领域展开区域合作等。

中国的工业生产和工业布局

工业的高速增长

新中国成立以来,中国工业高速增长,规模不断壮大,从一穷二白发展为今天门类齐全的现代化工业体系,成为国民经济的主体和支柱。据国家统计局提供的数据,到1998年中国制造业增加值26,353亿元,居世界第四位。

中国工业自中华人民共和国成立以来保持了高速增长,1949～1998年间,按可比价工业总产值计算的年均增长速度达13.6%。工业规模不断壮大,从1952年到1998年,工业增加值由119.8亿元增加到33,541亿元,按可比价计算增长158倍;固定资产原值由149亿元增加到74,211亿元,增长498倍;从业人员由1246万人增加到13,934万人,增长11.2倍;企业数由1957年的17万个增加到1998年的797万个,增长46.8倍。主要产品产量比建国初期几十倍上百倍地增长,在世界上占有重要地位。自1996年以来,钢、煤、水泥、农用化肥、电视机的产量一直位居世界第一位。工业在国民经济中的地位不断上升。1952年中国GDP中工业只占17.6%,1959年超过农业,占37.4%,1978年达到44.3%,此后随着第三产业的发展,工业在GDP中的份额有所下降,但到1998年仍占42.2%。从国家财政收入的构成看,1950年国家财政收入中工业占30.2%,1983年达到86%,此后有所回落,但1991年—1995年,年平均比重仍为46.2%,高于其他部门。

▲氯化钾包装地,氯化钾是一种重要的化学肥料

随着规模的壮大,工业生产技术水平也在不断提高。1995年工业普查资料显示,国产设备中,90年代出厂的占37.3%,80年代出厂的占53.2%。进口设备中,90年代出厂的占27.9%,80年代出厂的占67.8%。主要专业设备中达到国际水平的占26.1%,比1985年增加13.2个百分点;达到国内先进水平的占27.7%,增加5.9个百分点。重点工业的技术经济指标有了较大幅度提高。1998年新产品产值达5361亿元,占工业总产值的7.9%。新产品产值比例电子计算机制造业达43.4%,日用电器制造业33.7%,通信设备制造

▼中国居民在使用电脑,中国电器制造发展迅速,产品在全国迅速普及

业21.1%。

经历了改革开放后,中国工业结构调整也取得了显著成效。1978年,中国只有单一的公有制经济,国有企业占77.6%,集体企业占22.4%。到1998年,国有及国有控股工业总产值、集体工业总产值、外商投资工业总产值、个体和私营工业总产值占全部工业的比例分别为28.2%、38.4%、14.9%和18.9%,从业人员分别占26.9%、42.4%、7.2%和22.4%,上缴税金分别占55.9%、25.1%、12.9%和7.6%。在产业结构方面,基础工业比重上升,对经济发展的"瓶颈"制约有所改善,轻重工业协调发展,高新技术产业长足进步。在组织结构方面,企业平均年创产值由1957年的46万元增加到1998年的149万元,一大批大型企业和企业集团涌现出来,日益成为国民经济的中流砥柱。

中国工业布局

在一个相当长的时间内,中国工业发展和布局仍将保持现有的宏观地域结构(框架)。从80年代的中后期起,国家工业布局的战略重点就是海岸地带和长江沿岸,即"T"字形的战略布局结构。这一战略布局改变了以往划分重点区域和非重点区域的思维习惯,符合中国经济发展空间分布的潜力实际,获得了巨大的成功。在今后大约1/4世纪内,中国工业布局的战略重点客观上仍然会按照这个框架进行。这是因为:

(1) 中国国际化经济在整个国民经济中的地位将继续上升,其主要发展区域是沿海和长江沿岸。其中,工业占相当重要的部分;

(2) 据不完全统计,至90年代初,中国经国家批准的高新技术园区共52个,其中有

▼西安城,西安是中国西部工业比较发达的城市之一,随着工业化的发展,中国城市化发展迅速

▲中国沿海新城市,中国的主要工业基地一般都分布在东南沿海地带

36个在沿海地带和长江沿岸。说明沿海地带和长江沿岸将是中国未来主要的经济增长点(区域);

(3) 80年代以来,国家和地方在沿海和长江沿岸进行了大规模的基础设施建设,为今后一个较长时期获得超过全国平均值的增长准备了物质条件;

(4) 中国香港、中国澳门的回归增加了沿海地区工业经济发展的活力,第四个直辖市——重庆市的建立提高了长江产业带在全国经济发展中的地位。

中国是发展中的大国,处于大规模工业化和城市化的初期,以基础产业(农业、钢铁、石油化工、建材、交通运输等)为主体。国家的优先目标必须谋求整个国民经济和工业的快速增长。必须指出,这个阶段经济和工业生产都会出现地区不平衡发展。这种区域发展可以说是经济快速增长难以避免的副作用。这个阶段我们无法逾越,这种不平衡仍然主要表现在东部沿海地区和广大中西部地区的增长速度和结构水平方面。沿海地区工业的增长速度将高于大部分中西部省、市、自治区。在西部地区中,新疆和云南等工业生产增长的潜力最大。

由于中国各地区工业发展条件和现状特点的不同,以及由于市场经济对地区分工和优势的选择机制,中国工业生产的地区特色将是相当明显的。甚至是在计划经济下强调了几十年而没有形成的合理分工的局面将能够实现。电子工业、通信设备和信息工业、激光设备、精细化工、新型材料、生物工程(如生物制药)产业等轻型制造工业和钢铁、石油化工及汽车和飞机制造、造船等原材料、重型制造工业将重点在沿海地区获得进一步的发展。中西部地区大规模发展的将是煤炭、石油和天然气的开采、加工,水电和火电基地、有色金属工业等。家用电器、轻工、食品、纺织、服装等许多行业的生产则应该在全国范围内普遍发展。但是,面向国际市场的生产,由于要求较高的科技含量,保证产品质量,还是要较多地集中在沿海地区为好。各地区的分工特点大致是:

▼中国南方手工业作坊,有很多都是老字号

(1) 以上海为中心的长江三角洲地区,由于具有较强的经济基础和世界级的金融、商贸中心的配合,将继续保持中国最大的工业聚集地区的地位,也是中国工业结构完整、工业生产水平最高的地区。这一地区一方面具有大规模的钢铁、石油化工、电力工业,同时还将汽车、通信设备、电站设备、生物制药、计算机等作为支柱产业带入下个世纪。

(2) 京津唐地区和山东省胶济产业带，具有广阔的腹地和很好的资源、能源供应条件，是中国未来石油化工、钢材、汽车、海洋化工及其他海洋产业、电子和通信设备制造、食品工业的重要基地。

(3) 东北地区，在社会主义市场经济条件下，需要渡过国营大中型企业改革和技术改造的难关，重新发挥重工业基地的作用。石油化工、钢铁、重型机械制造、汽车、造船等部门可能得到振兴，而在全国占有重要地位。

(4) 珠江三角洲和港澳地区，是全国、也将是世界上重要的轻型加工工业和制造业最集中的地区之一。其产业部门和行业是家用电器、轻工、服装、通信设备制造、食品加工、生物工程产业、海洋工程产业等。为了适应这些部门发展的需要，在今后几年内，还要加强电力和原材料工业的发展。

(5) 山西能源基地区，其能源工业（包括煤炭、天然气及火电）在全国的地位将进一步提高，也就是说，全国对山西能源基地能源供应的依赖程度将越来越大。在这个基地内，煤炭开发的重点要逐步西移。应在黄河沿岸的若干地段建设火电站群。随着农业基地的建设，农产品加工工业应该得到相应的发展。

(6) 中部地区（包括河南、湖北、湖南、江西和安徽等省），是近年来工业发展较快的大区域。今后有前景的部门是：钢铁、纺织、农产品加工工业、汽车特别是农用车制造工业等。

(7) 西北地区，除新疆维吾尔自治区外，是中国近年来工业发展活力较差的地区。直接原因是资金投入能力低，乡镇企业不发达，生产效益差。而根本的原因是经济基础薄弱、文化水平和技术水平低，以及由于地理区位及基础设施原因而导致的封闭性等。今后工业发展的主要方向应是：加强有优势的水能、有色金属、非金属、稀有金属等资源的开发和加工，建设好相应的基地，加强农产品和物质资源的开发和加工利用，进一步发展食品工业、纺织工业等。石油资源应该遵照中国能源可持续利用的要求，采取保护性开发的方针，同时也应控制石油化工的发展规模。

(8) 西南地区，具有丰富的水能资源、金属和非金属资源和生物资源，在60—70年代的"三线"建设期间，国家以巨资建设了一批在当时可算是一流的工业企业，但是，改革开放以来工业增长较慢。今后需持续地加强水能资源的开发，实现大规模的"西电东送"（电能大量输入长江三角洲和珠江三角洲地区）和长江流域能源经济一体化，可相应地发展大耗电的有色冶金和磷化工等。原有"三线"工业通过调整改造，根据

▼中国海边的新兴工业区，沿海地区工业比较发达

军工和民用两方面的市场需求，振兴机械制造工业。西南地区在开发利用生物资源的基础上，生物制药和食品工业非常有发展前景。

中国的汽车制造业

1958年是中国汽车工业历史上值得纪念的一年。在这一年中，长春、北京、上海和天津等地生产出一批富有特色的小至微型、大至高级的轿车。可惜在当时的环境和现实条件下，在完全封闭的计划经济的束缚下，这些鲜花只是短暂地开放。

1985年又是中国汽车工业值得纪念的一年，在改革开放的潮起之时，中国汽车先后办成了北京、上海和广州等地的中外合资企业。经过数年的努力，形成了"三大、三小、两微"的格局（三大是指上海、一汽和东风，三小是指北京、天津和广州，两微是指重庆和贵州），开辟了中国轿车工业的新纪元。

1994年中国轿车产量约26万辆。

约十年前建成的中国轿车工业是以中外合资经营为主，一方面在某种意义上成为某些大汽车公司的"车间"，并不完全具备独立经营迅速发展的能力和手段，同时又面对着中国过渡期间的极不发育的市场，因而迟迟不能形成规模经济，除上海第二期工程正努力实现年产20万辆外，其余都远不能和国外同类型工厂相比。

中国的造船业

在中国众多的出口产品中，今天，还没有哪一种能像船舶那样，每年总产量的一半用于出口。1994年，全国造船164.4万吨，其中为外国船东造的船舶达82.5万吨。知晓这一情况的经贸界人士无不称赞说："中国的造船工业真正走入了国际市场。"

据统计，从1979年到1994年的16年中，船舶总公司系统累计成交出口民用船近700万吨，完工500余万吨（其中万吨级以上船舶192艘，近400万吨），完工出口船舶的总吨位占同期造船总吨位的34%。加上海上石油平台、军用船舶、船用设备等，出口总金额累计达60多亿美元。目前，船舶出口居中国机电产品出口前茅，造船量在世界造船国家中上升到第1位。

现在，中国年造船能力超4000万吨，能建造各种类型的远洋和近海、江河船舶。从一般油轮、货轮发展到大型化学品成品油轮、穿梭油轮、汽车运输船、冷风集装箱船、全铝合金高速水翼客船等高新技术船舶，吨位从万吨级提高到15万吨级。出口市场从香港扩展到世界五大洲40多个国家和地区。

▼北京生产的汽车伊兰特，北京汽车制造厂发展迅速，年销售量已经居于全国前列

中国的交通运输业

公路运输

用汽车运载旅客和货物有机动灵活、适应性强等特点,能够把旅客和货物直接送达目的地。因此,公路运输是中国现代化短途运输的主要方式。

中国自然条件复杂多样,有的地区难以修筑铁路,有的地区难以发展内河航运,在这样的地区公路就起着极为重要的作用。例如,青藏高原冬季气候严寒,地形复杂,修筑铁路极为困难。为了改变那里交通不便的状况,中国在50年代先后修筑了川藏公路、青藏公路和新藏公路,完成了举世罕见的筑路工程。

▲中国西部山区的公路,在城市高速公路迅速发展的今天,西部落后地区依然使用着古老的土路

中国公路干线分为国家干线和地方干线两级。国家干线公路简称国道,地方干线公路简称省道。中国现有国道70余条,长达11万多千米。以国道为骨架,辅以省道和普通公路,构成了全国公路网。

▼几辆汽车在公路上行驶。目前,中国公路运输在所有运输方式中占有重要地位

改革开放以来,中国的货物运输量越来越大。许多人都认识到"要想富先修路",急切盼望修筑更多的公路,同时提高原有公路的质量。为适应经济发展的迫切需要,中国制订了公路建设计划。

水路运输

运载量大、运费低廉的水路运输包括内河运输和海上运输。运费低廉的水路运输的工具为船舶。用船舶运输,具有运载量大和运费低廉的优点。水运适合大宗货物或笨重货物的长距离运输。

▲黑龙江上的运输船只,黑龙江每年有5个月的冰封期,在冰封期外船只运输发挥了重要作用

中国具有发展水运的优越条件:外流区广、河湖众多;大河多自西向东流入大海,水量丰富可以通航,沟通了内地和沿海;大陆海岸线长,岸线曲折,多优良港湾。因此,中国的内河运输和海上运输都具有良好的前景。

内河运输是以江河航道为运输线。中国的主要内河航道有长江航道、珠江航道、京杭运河航道和松花江航道,重要的河港有重庆、武汉、南京、上海、广州和哈尔滨。

海上运输以海洋航线为运输线。海洋航线按其距本国陆地的远近,又分为沿海航线和远洋航线。中国沿海航线分为以大连、上海为中心的北方航区和以广州为中心的南方航区;远洋航线按其航行方向分为东行航线、南行航线、西行航线和北行航线。

港口是水路运输的基地。中国现有大连、秦皇岛、天津、青岛、连云港、上海、厦门、广州和湛江等大型海港,还有正在兴建的宁波等大港。全国沿海港口有泊位500多个,万吨级深水泊位近200个,还有25万吨级的油轮泊位和一些集装箱码头。

▼长江入海口,这里水系发达,是中国重要的水上交通枢纽

航空运输

航空运输速度快、效率高,如从北京到乌鲁木齐,乘特快列车需近3昼夜,而乘飞机只要4小时。

▲修建地下铁路,地下铁路不仅安全便捷,而且节约陆地空间,现在中国几个大城市都在发展地铁

新中国成立后开辟了由天津经武汉到重庆的第一条民用航空线以来,已经形成了以北京为中心的航空运输网。北京、上海、广州是主要的国际航空港,能够在复杂的气象条件下起落大型喷气式客机。

铁路运输

铁路运输主要承担中、长距离的客运和大宗的货运。

中国的铁路运输网以纵贯南北和连接东西的铁路干线为骨架,是全国运输网的骨干。北京是中国大陆地区铁路运输的中心。由于铁路运输量大,连续性强,速度快,运费较低,受天气等自然条件限制小,所以成为中国运输业的主力。

▼海上钻探设备,用于开采石油和天然气,石油和天然气一般都是通过管道运输的

管道运输

用钢管运输石油和天然气的管道运输是现代工业发展的产物。中国从1958年起有了输油管道。现在,从大庆油田到北京、大连和秦皇岛,从华北油田到北京和南京,从胜利油田到青岛和南京等地都铺设了输油管道。在四川境内还有天然气管道。这些管道将各大油田、石油化工企业和输油港口连接起来,保证了石油化工原料的供应和原油出口的运输需要。从青海格尔木到西藏拉萨的输油管道的修建,保证了西藏对石油的需要。

第十章
中国地理中的文化特色

　　我们的祖国是人类文明的重要发源地之一。在这片神奇伟大的土地上，山河壮美，历史悠久，文化灿烂，自然资源极为丰富。从冰雪覆盖的喜马拉雅、莽莽昆仑，到波澜壮阔的深海大洋，从朔风凛冽的茫茫大漠、蓝天白云的万里草原，到锦绣江南的水乡雅韵、奇美幽邃的山川大泽，国土民风、环境资源、经济文化都各具特色，共同构成了中国的自然与人文景观，孕育了中国地理的文化特色。

自然环境与饮食

▲杨梅,杨梅是江南人最喜欢的水果之一

俗话说,"民以食为天。"中国人见面打招呼时也常问:"吃了吗?"可见"吃"之重要。

天然食物的分布,食物的储存、加工和运输,以及季节与饮食的关系等等,都与气候有密切关系。

气候与饮食

人类虽然食物众多,但各地天然食物的分布受气候影响甚大。一般地说,在北极的爱斯基摩人,在冰天雪地之中主要摄入动物型食物;而赤道热带地区植物型食物来源丰富,有些地区土著居民的主要生产劳动就是采集。

在中国,气候对人们主食影响最典型的可算是"南稻北麦"了。因为大体在秦岭—淮河以南,春雨、梅雨雨量丰富,非常适合种植需水多的水稻,因而南方历史上一直以大米及其制品为主食,例如米饭、米糕、米团等。而秦岭—淮河以北的北方地区春天雨水稀少,素有"十年九春旱"之说,因此历史上一直种植耐旱的小麦,人们也主要以面粉制品如面条、馒头、饺子、大饼等为主食。

在降水更少的内蒙古、西北地区和夏季很冷的青藏高原上,或因干旱,或因寒冷,那里已不能生长庄稼、树木,只能长草,当地人们主要以放牧牛羊为业,因而便以牛羊肉、奶为主食。

中国古代政治、经济和文化中心都在北方,当时北方广泛种植的耐旱、耐寒又富有营养的小米,是广大老百姓的主食。古代以"社稷"代表国家,"社"是土神,"稷"就是小米。可见小米十分适应当时北方的气候。因为正如《诗经》上所说,庄稼乃"生之者地也,养之者天也",其中的"天"就是指气象条件。

▼兰州的汤圆,以糯米为原料的汤圆在南方是一种常见小吃,在北方大概只有元宵节才能见到

▲南方天气炎热,又盛产水果,果汁成为人们喜爱的饮品

▶苦瓜,苦瓜味苦,但是有清热解毒的功效,深受中南部人民的喜爱

水果的地域分布比粮食还要严格。在中国,热带、亚热带水果椰子、芒果、菠萝、桂圆、荔枝、柚子、香蕉等最怕0℃低温,因而只分布在华南地区。柑橘、枇杷等亚热带水果能耐轻寒,但在零下9℃以下低温时仍会造成严重冻害,一般只分布在秦岭—淮河以南地区。秦岭—淮河以北的温带地区则盛产苹果、梨、柿子、葡萄等温带水果。中国长城以北和新疆北部地区,因为冬季过于严寒,苹果等温带水果也难以生长。近年来,利用嫁接、杂交等方法,苹果已开始向更北地区扩展。

南北方蔬菜品种也有很大不同。以冬季当家菜为例,北方过去因为没有温室蔬菜,一冬都吃大白菜,但这种大白菜在南方却长不好。喜凉的北方土豆运到南方种植后会很快退化。南北方经济作物也大不相同。以制糖原料为例,南方有喜温暖的甘蔗,北方有喜温凉的甜菜。糖用甜菜现在主要分布在北纬40℃以北地区。中国古代没有甜菜,北方居民习惯吃咸,故历史上素有"南甜北咸"之说。

▲蕨麻,北方常见的野菜,现在的农民依然食用

但即使南北方都能生长的作物,其品质和产量也有不同。例如北方小麦的蛋白质含量高于南方,磨出的面粉口感好。新疆等干旱地区阳光强、气温日较差大,生长期内热量丰富,因而瓜果特别甜美。鄯善的哈密瓜、吐鲁番的葡萄、库尔勒的香梨驰名中外。

地理环境与饮食

中国人口味之杂，堪称世界之冠，但也有一定规律可循。有人说南甜北咸、东辣西酸，在一定程度上反映了中国饮食文化的地区差异，同时，也反映了人们的口味与地理环境存在着一定的联系。

▲正在酿醋的师傅，山西人比较爱吃醋

这一点，从主食结构上也可看出，中国南方气候湿热，盛产水稻，因此，以大米为主食；北方气候相对干冷，适宜小麦等作物生长，因此，以面粉为主食。

山西人能吃醋，可谓"西酸"之首。他们吃饭前，往往先把醋瓶子拿过来，每人喝三调羹醋用以"解馋"。改革开放前，每逢春节，别处都供应一点好酒，太原的油盐店却都贴出一个条子："供应老陈醋，每户一斤。"有人来给姑娘说亲，当妈的先问："他家有几口酸菜缸？"酸菜缸多，说明家底子厚。另外，福建人、广西人爱吃酸笋，越酸越能显出制作者的水平。傣族人也爱吃酸，酸笋炖鸡可是一道传统名菜。

山西等地的"西方人"何以爱吃酸？打开中国地图，可知这些地区，特别是黄土高原、云贵高原及其周边地区的水土中含有大量的钙。因而他们的食物中钙的含量也相应较多。这样，通过饮食，易在体内引起钙质淀积，形成结石。这一带的劳动人民，经过长期的实践，发现多吃酸性食物有利于减少结石等疾病。久而久之，他们也就渐渐养成了爱吃酸的习惯。

▼酿醋的作坊，醋存放的时间越久味道就越醇

湖南、湖北、江西、贵州、四川及东北的朝鲜族等地居民多喜辣，中国流传有"贵州人不怕辣、湖南人辣不怕，四川人怕不辣"之说。贵州人平生所吃辣椒极多，朝天椒、野山椒均不在话下。在川北，听说有一种辣椒本身不能吃，用一根线吊在灶上，汤做好后，辣椒在汤里涮涮，就辣得不得了，因此叫"涮涮辣"，四川的"麻辣烫"更是全国闻名，可以说，没有不辣的四川名吃，四川名吃不辣，也就谈不上"名吃"。如今，人们除了管四川女

子叫"川妹子"外，还称其为"辣妹子"，原因大概也基于此。

喜辣的食俗多与气候潮湿的地理环境有关。中国东部地处沿海，东北的朝鲜族当地气候也湿润多雨，多春阴湿寒冷，而四川虽不处于东部，但其地处盆地，更是潮湿多雾，一年四季少见太阳，因而有"蜀犬吠日"之说。这种气候导致人的身体表面湿度与空气饱和湿度相当，难以排出汗液，令人感到烦闷不安，时间久了，还易使人患风湿寒邪、脾胃虚弱等病症。

▲卖干辣椒的农民，在喜欢食用辣椒地区这是十分常见的现象

吃辣椒浑身出汗，汗液当然能轻而易举地排出，经常吃辣可以驱寒祛湿，养脾健胃，对健康极为有利（对当地人而言）。另外，东北地区吃辣还与寒冷的气候有关，吃辣可以驱寒。鲁迅留学时为御寒也有了爱吃辣的习惯。

中国北部是内蒙古高原，过去新鲜蔬菜对北方人来说是罕见的，鲁迅先生说的"胶东的白菜运往北京，便用红头绳系了菜根，倒挂在水果店头，美其名曰'胶菜'"，就是指此。中国北方地处暖温带，冬季寒冷干燥，夏季温和多雨，气温年较差大，在过去，即使少量的蔬菜也难以过冬，同时又不舍得一时"挥霍"掉，北方人便把菜腌制起来慢慢"享用"，这样一来，北方大多数人也养成了吃咸的习惯。

▼中国北方的腌制菜，现在腌制菜已经不是北方人的主要菜了，但是它成为了人们吃惯大餐后的美味

人说苏州菜甜，其实与无锡的相比，苏州菜不过是淡。无锡炒鳝糊放很多糖，包子的肉馅里也放很多糖，对北方人讲，根本没法吃。广东、浙江、云南等地居民也大多爱吃甜食。南方多雨，光热条件好，盛产甘蔗，比起北方来，蔬菜更是一年几茬。南方人被糖类"包围"，自然也就养成了吃甜的习惯。北方人不是不爱吃甜，只是过去糖难得，只好以"咸"代"甜"来调剂口味了。虽说北方现在不缺"糖"，但口味一旦形成，不是一朝一夕就可以改变的。相信随着社会的发展与时间的延续，这种咸甜相对的趋势会减弱的。

当然，"南甜北咸、东辣西酸"只是个笼统而又相对的说法，中国地大物博，饮食习惯差别很大，甚至在局部地区也有许多不同之处，这与各地的经济发展、民族习俗和个人习性也有重要关系。

中国北方民居与地理环境

▲古香古色的北方民居,这种大院是富裕的象征

中国历史悠久,疆域辽阔,自然环境多种多样,社会经济环境亦不尽相同。在漫长的历史发展过程中,逐步形成了各地不同的民居建筑风格和形式,这些传统的民居建筑深深地打上了地理环境的烙印,生动地反映了人与自然的关系。

北京民居

四合院是北京地区乃至华北地区的传统住宅。其基本特点是按南北轴线对称布置房屋和院落,坐北朝南,大门一般开在东南角,门内建有影壁,外人看不到院内的活动。正房位于中轴线上,侧面为耳房及左右厢房。正房是长辈的起居室,厢房则供晚辈起居用,这种庄重的布局,亦体现了华北人民正统、严谨的传统性格。北京地区属暖温带、半湿润大陆性季风气候,冬寒少雪,春旱多风沙,因此,住宅设计注重保温防寒避风沙,外围砌砖墙,整个院落被房屋与墙垣包围,硬山式屋顶,墙壁和屋顶都比较厚实。

内蒙古民居

蒙古包是内蒙古地区典型的帐幕式住宅,以毡包最多见。内蒙古温带草原的牧民,由于游牧生活的需要,故多以易于拆卸迁徙的毡包为住所。传统上蒙古族牧民逐水草而居,每年大的迁徙有四次,有"春洼、夏岗、秋平、冬阳"之说,因此,蒙古包是草原地区流动放牧的产物。

▼宁夏民居前的石雕,展示了地域和民族特色

宁夏民居

宁夏地处西北,远离海洋,降水少、温差大,气候严寒,大陆性气候特征明显,冬春干旱多风沙,盛行偏北风,故住宅一般不开北窗。为保温防寒,采取厢房围院形式,且房屋紧凑,屋顶形式为一面坡和两面坡并存。

陕北民居

窑洞式住宅是陕北甚至整个黄土高原

▲陕西古城墙遗址上的窑洞，被当地群众用于居住

地区较为普遍的民居形式。分为靠崖窑、地坑窑和砖石窑等。靠崖窑是在黄土垂直面上开凿的小窑，常数洞相连或上下数层；地坑窑是在土层中挖掘深坑，造成人工崖面再在其上开挖窑洞；砖石窑是在地面上用砖、石或土坯建造一层或两层的拱券式房屋。黄土高原区气候较干旱，且黄土质地均一，具有胶结和直立性好的特性，土质疏松易于挖掘，故当地人民因地制宜创造性地挖洞而居，不仅节省建筑材料，而且具有冬暖夏凉的优越性。由于地坑式窑洞难以防御洪水的侵袭，且随着经济条件的改善，近年来，一些地方已经放弃了地坑式窑洞的修造，并陆续在地面上营建砖木结构房屋而居。

▼山西平遥古城墙墙体，宏伟而气派，里面融有山西民居的风格

山西与山东民居

山西太行山区与山东胶东丘陵一带两地民居形式类似，单门独院，有门楼，两面坡屋顶。由于山高石料普遍，依照传统建筑材料就地取材的原则现在依然在沿用，故砖石住宅较多。山西民居还多见砖雕等装饰。两地纬度相近但降水存在差异，故屋顶坡度略有不同，前者因地势较高，东南面有东北—西南走向的太行山阻挡海洋气流，降水不多（＜700毫米／年）；后者广谷低丘距海近，降水较多（＞700毫米／年），为便于排水，屋顶坡度较陡。

中国南方民居与地理环境

江苏民居

江苏民居以苏州为代表。素有"东方威尼斯"之称的苏州水网密布,地势平坦,房屋多依水而建,门、台阶、过道均设在水旁,民居自然被溶于水、路、桥之中,多楼房,砖瓦结构为主。青砖蓝瓦、玲珑剔透的建筑风格,形成了江南地区纤巧、细腻、温情的水乡民居文化。由于气候湿热,为便于通风隔热,防潮防雨,院落中多设天井,墙壁和屋顶较薄,有的有较宽的门廊或宽敞的厅阁。

▲江南水乡老镇,反映了当地独特的建筑风格

上海民居

位于长江口的上海,地理位置优越,是近代民族工业的发祥地之一。经济发达,住宅质量较好,多为砖瓦结构楼房,式样新颖,美观大方,建筑风格充分显示出人文因素的影响,颇有"海派"文化的影子。

▼福建民居,建在水边,生活比较方便

福建民居

闽西南地区的客家人土楼是一种特殊农村住宅。土楼外形有方、圆之别,酷似庞大碉堡,其外墙用土、石灰、沙、糯米等揉舂夯实,厚1米,可达5层高;由外向内,屋顶层层下跌,共三环,主体建筑居中心;房间总数可达300余间,十几家甚至几十家人共居一楼。

福建是东南沿海的"山国",境内山地丘陵占80%以上,地形复杂,历史上匪盗现象较为严重,中原汉族迁居此地后,为御匪盗、防械斗,同族数百人筑土楼而居,故形同要塞的土楼,防御功能突出。此外,福建地处东南沿海地震带,气候暖热多雨,坚固的土楼既能防震防潮又可保暖隔热,可谓一举数得。

云南民居

干栏式竹楼是滇南傣、佤、苗、景颇、哈尼、布朗等少数民族的主要住宅形式。滇南气候炎热潮湿多雨,竹楼下部架空,以利通风隔潮,多用作碾米场、贮藏室及杂屋;上层前部有宽廊和晒台,后部为堂和卧室;屋顶为歇山式,坡度陡,出檐深远,可遮阳挡雨。

多彩多姿的中国传统民居折射出中国地大物博、自然条件差异显著的特点,同时,也是中国广大劳动人民改造和利用自然适应环境的生动体现。学习时不妨参照"邮票上的各地民居",认识各地特色不一的民居文化,进一步加深理解地理环境的区域分异及环境与人类的关系。

▲南方古镇的居民生活环境,依山傍水,风景秀丽

▶云南丽江石鼓镇,歇山式的屋顶遮阳挡雨

第十一章
中国地区区域的环境与发展

人的工作生活环境属于地理环境的一部分，环境为人的工作生活提供了必要的条件，与人们的生活休戚相关。

本章主要讲了日益严重的温室气体造成的温室效应，著名的太湖的水污染，以及酸雨对中国一些古建筑的腐蚀。本章在讲解具体故事的同时顺带提及了污染的原因以及污染可能带来的严重后果，将难懂的理论知识融入具体的故事之中，寓教于乐，便于掌握。最后讲了环境保护的对策，文中讲解的环境保护的方法深入浅出，具有可操作性，便于实践。

值得警惕的温室效应

温室效应的产生

大气不是一种单一的气体，它是许多气体的混合物。其中有一些气体，如水蒸气、二氧化碳、甲烷、一氧化氮和臭氧，能够反射从地面向空中散发的辐射能，从而提高大气的温度。这一现象被称为温室效应，这些气体被称为温室气体。大气中温室气体的浓度越高，温室效应就越显著。这些气体在大气中的浓度既受自然过程的影响，也受人类活动的影响。大气中还有一些纯粹人造的

▲在温室效应下，雪山在不断退化

▼高山风貌，由于温室效应，全球气温都有所升高，即使在高山地区也不例外

▲雪山下的湖泊，温室效应加快了雪山的融化

温室气体，如氟氯烃，同样会反射来自地面的热辐射。同等数量的氟氯烃和一氧化氮反射热辐射的能力比二氧化碳和甲烷要高许多倍。

  自然界中产生温室效应的最主要因素是水蒸气，它主要是太阳能作用的结果。长期以来，人类活动所释放的温室气体主要是二氧化碳。由于矿物燃料的使用越来越多，人类社会每年排放的二氧化碳总量在过去 30 年里增加了 1 倍。加上大量砍伐森林，减少了绿色植物通过光合作用吸收二氧化碳的能力，大气中二氧化碳的浓度在过去 30 年里增长了 12%。与此同时，作为制冷剂和杀虫剂、分散剂的氟氯烃被大量使用，进入大气的氟氯烃数量也不断增长。甲烷作为一种温室气体，既产生于自然湿地，也来自稻田和畜牧业生产。此外，燃烧沼气、开采天然气和采煤都可能释放甲烷。一氧化氮同样既产生于自然（海洋和土壤），也产生于人类活动，如施用化肥和汽车排放一氧化氮。

温室效应的影响

  如果温室气体继续增加，大气温度将因此而上升。例如，如果人类活动释放的二氧化碳按目前的趋势继续增长，几十年后大气中二氧化碳的浓度将比现在增加 1 倍。这一变化的直接影响可能导致气温上升 1.2℃，其间接影响有待探究。不过，有一点是知道的，即水蒸气的含量将随之增加，气温将因此而再上升大约 0.7℃。过去一个世纪里全球温度

▼温室效应对环境破坏很大,这些深山中的人们有一天也会成为受害者

平均上升了 0.3～0.6℃,与理论模拟得到的结果很接近。

　　温室效应导致的气候变化幅度超出普通人想象。表面上看,年平均气温上升 1℃ 好像没什么了不起,但是,这一差距已相当于将郑州和济南变成了"火炉"武汉和南京。显著的气候变化将改变人们已经适应了的生态环境,导致许多现在还无法预料的后果。即使是从长期看有利的变化,如果发生得太快,使人们一时无法适应,短期内就可能产生严重后果。譬如原来长期居住于华北平原的农民突然面临长江流域的气候条件,他们原有的生产设备和技术以及作物和家畜品种,大多数将失去利用价值。为适应新的生产条件,他们将不得不付出极大代价,去购买新的机器设备、种子和幼禽、幼畜,接受技术培训,建立新的技术推广和商品营销体系,等等。工业和其他行业也一样,为温带地区设计的机器设备未必能在亚热带正常运转,无论是全部更新还是安装空调,代价都是极其昂贵的。至于生态系统的变化及其对人类的影响,现在就更难以估计了。

　　另一项比较确定的变化是海平面可能因温室效应而上升。一方面,冰川和积雪将加速融化,特别是覆盖北冰洋和南极大陆的冰帽将部分融化;另一方面,海水本身的体积

▲荒芜的戈壁，由于温室效应，全球干旱将进一步加重，戈壁和荒漠会不断增加

将受热膨胀。两者加在一起，海平面有可能上升1米至数米。目前全球人口近1/3居住在距海岸线不超过60千米的沿海地区，他们的生活，这些地区的生产，以及维持国际贸易的港口设施，都将因此而受到极其严重的影响。

　　中国东南沿海许多地区海拔高度仅数米，甚至不足1米，现在就依靠海堤抵御潮水的侵袭。一旦海平面上升，部分地区可能被淹没，另一些地区的河流将经常发生海水倒灌，土壤盐碱化也可能加重。在建造海堤和船闸以及改良土壤等方面，人们将不得不经常投入巨大的人力物力。沿海人口密度最大，经济最繁荣，贸易也最发达，经济上的损失难以想象。

▶海滨图，由于温室效应海平面不断上升，逐渐逼近部分海滨城市

湖泊水环境的恶化

▲中国南方湖泊,在夕阳照耀下,美不胜收

"明珠"失去光彩

中国古代诗人将湖泊比作人的眼睛,曾留下了"水是眼波横,山是眉峰聚"的佳句,外国诗人则把湖泊比作大地的眼睛。

"太湖美,美就美在太湖水",这是一句广为流传的优美的江南歌谣。美丽的太湖养育了太湖周围广大地区的生命,包括人类、动物、植物等等,也因此诞生了"山清水秀"的太湖文化。古老的太湖吸引着世界各地的游人。

但是,近年来,随着太湖地区经济的发展,太湖受到了越来越严重的污染,"明珠"正在悄然失色:湖水中藻类大量滋生,原来风景优美、碧波荡漾的湖面被厚厚的蓝藻覆盖;景区的湖水变绿,并能闻到随风散发的阵阵腥臭味……游人对此只能摇头叹息!

造成太湖水环境恶化的主要原因是富营养化。湖泊富营养化是水体衰老的一种表现,过程与海洋的赤潮现象非常相似,也是因为在人类活动的影响下,生物所需的氮、磷、碳等营养物大量进入湖泊水体中,引起藻类及其他浮游生物过量繁殖的结果。目前,太湖的藻类比10年前增加35倍,随着水体中藻类所占据的湖泊空间的增加,有时会有填满湖泊的危险,这样就使鱼类的生存空间越来越小;大量藻类的生长繁殖还会和鱼类争夺水中的氧气,水中的溶解氧几乎被藻类耗尽,结果是水质恶化,发黑发臭,鱼类及其他生物因缺氧而窒息死亡。

造成湖泊富营养化的藻类通常以蓝藻为主。许多蓝藻身上有一层胶质膜,而且有些是有毒性的,不能成为鱼类的食料。与海

▼山湖映照,在看到此种美景的时候,我们要学会珍惜,杜绝对环境进行破坏

洋赤潮相比，湖泊富营养化过程中藻类和水生微生物繁殖速度更快、数量更多，危害更大，因此治理也就更复杂。

湖泊发生富营养化后，如果不及时治理，由于水中其他水生生物死亡，加上藻类死亡后的遗体逐年堆积在湖底，会使湖泊淤积变浅，进一步发展成为沼泽和平地。

湖泊富营养化的危害

湖泊富营养化是全球各国面临的严重问题之一。美国北部五大湖之一的伊利湖，由于沿湖城市和工厂每年向湖中排放大量含氮、磷等营养元素的生活污水和工业废水，使湖中养分过多，成为典型的富营养湖，湖中梭子鱼、白鱼、青鱼等优质鱼种大量减少，而劣质鱼增多。美国虽然对其采取了多种措施，却依然收效甚微。据估计，即使切断外来营养物，也需百年之后才有望好转。美国的一些环境研究者认为，伊利湖已提前"老化"，面临"死亡"的危机。

▲黄色的瀑布，造成这种颜色的瀑布是由于水土流失严重，而我们对湖泊造成的工业污染对人类危害更大

▼沿湖工业废水直接排放到湖中，湖水污染使湖中的鱼不断减少

▲湖边布满工业垃圾和生活垃圾,这些也是湖水污染的主要来源

  中国城市湖泊的富营养化近10年来已进入非常严重的阶段。从洞庭湖、太湖、西湖到"高原明珠"滇池,一个又一个湖泊受到了污染的危害,一颗颗明珠正黯然失色。

  富含氮、磷等营养物质的工业废水和生活污水,通过入湖河道直接或间接进入湖泊水体,是造成湖泊富营养化的最主要来源。另外,湖面上航行的船只,包括游览、水上运动的船只和湖区旅游活动等排入湖泊的废弃物;湖泊水产养殖投入的饵料;周围地区农田施用农药、化肥等农用化学品,经地表径流流入湖泊水体,都是导致湖泊发生富营养化的原因。

  富营养化的危害是十分严重的,它可使水体变色,影响渔业、交通,降低甚至破坏水体的旅游、观光价值;恶臭提高了对水进行处理的成本;蓝藻疯长堵塞自来水厂的取水口和过滤池,使水厂减产,影响自来水的供应。

  严重富营养化会使水体丧失利用价值,并加剧水荒。藻类代谢产物有毒(如石房蛤毒素、硝酸盐、亚硝酸盐等),能毒杀鱼类或使鱼类窒息,危害水产及养殖业的发展,危害人体健康,严重者可致死人命。

  解决湖泊富营养化任务十分艰巨,控制富营养化需从多方面进行努力。如对污水排放量大的工矿企业,要规定污水中的氮、磷浓度不能超过法律规定的标准;在富营养化已比较严重的湖泊还应该实行总量控制,规定整个流域允许排入湖泊的氮、磷总量;要在湖泊周围地区禁止出售和使用含磷的合成洗涤剂;进行农业生产时,要合理用水用肥、尽量节约水肥,加强对牲畜粪便的处理,尽量使之返回农田,不得向湖中随意排放;还要加强生活污水的处理,并不得向湖泊直接倾倒废物。

中国环境保护存在的问题及对策

环境保护的进展和存在的问题

（一）环境保护工作取得积极进展

近年来全国环境质量基本稳定，部分城市和地区环境质量有所改善，多数主要污染物排放总量得到控制，工业产品的污染排放强度下降，重点流域、区域环境治理不断推进，生态保护和治理得到加强，核与辐射监管体系进一步完善。

城市空气质量恶化趋势基本得到遏制，部分城市空气质量改善。与1996年相比，2005年空气质量达到二级标准的城市比例增加了31个百

▲水污染

▼由于水污染，这里的河水已经不再清澈

▲大气污染

分点,空气质量劣于国家三级标准的城市比例下降了39.3个百分点。全国城市空气中二氧化硫和颗粒物污染整体上有所减轻。

酸雨范围和强度有所减轻,但近年有较大反复。全国出现酸雨的城市和降水年均pH值小于5.6的城市比例,1998—2002年呈现下降趋势,而2003—2004年又有所上升。

地表水污染呈减轻趋势,但各水系发展不平衡。与1996年相比,2005年中国地表水Ⅰ～Ⅲ类水质比例由27%提高到36%,劣Ⅴ类水质比例由36%下降到28%。长江、珠江水质总体较好;松花江水系属轻度污染;黄河总体上属中度污染;淮河水系呈中度污染,总体呈减轻趋势;海河、辽河水系总体属重度污染,辽河水系"十五"期间污染有所减轻。滇池、巢湖和太湖水质没有明显改善。1996年以来,近岸海域水质总体有所好转。

(二)环境形势依然十分严峻

中国环境保护虽然取得了积极进展,但环境形势严峻的状况仍然没有改变。主要污染物排放量超过环境承载能力,流经城市的河段普遍受到污染,许多城市空气污染严重,酸雨污染加重,持久性有机污染物的危害开始显现,土壤污染面积扩大,近岸海域污染加剧,核与辐射环境安全存在隐患。生态破坏严重,水土流失量大面广,石漠化、草原退化加剧,生物多样性减少,生态系统功能退化。发达国家上百年工业化过程中分阶段出现的环境问题,在中国近20多年来集中出现,呈现结构型、复合型、压缩型的特点。环境污染和生态破坏造成了巨大经济损失,危害群众健康,影响社会稳定和环境安全。未来15年中国人口将继续增加,经济总量将再翻两番,资源、能源消耗持续增长,环境保护面临的压力越来越大。

1. 环境污染严重

中国环境污染形势可以用三句话概括:污染物排放总量居高不下,远超过环境容量;环境质量令人担忧;环境污染事故进入高发期。

2. 新环境问题突出

我们在面临着严重的常规性工业污染和生活型污染的同时，一些新的环境问题或一些隐性环境问题逐步显现，威胁着环境质量和人身健康，包括危险废物、微量有机污染物、持久性有机污染物、土壤污染等。另外，外来物种入侵也是一个紧迫的新环境问题。

3. 生态环境形势不容乐观

第一，以水土流失、土地沙化、土壤盐渍化为特征的土地退化现象虽局部有所控制，但整体恶化趋势未得到根本改变。第二，植被质量低、生态功能弱的现象并未扭转。全国90%的可利用天然草原存在着不同程度的退化，每年还以上百万公顷的速度递增。林地呈现数量型增长与质量型下降并存的局面。第三，耕地数量型占补平衡与质量型下降并存。第四，湿地破坏严重。第五，生物多样性受到严重威胁。

4. 核安全与辐射环境存在风险

历史上积存的大量放射性的废液和固体废物、大量废弃放射源待处理处置，存在事故隐患和失控的风险。

5. 环境污染和生态破坏对经济社会发展造成严重影响

环境污染和生态破坏造成了巨大经济损失，危害着群众健康，影响到社会稳定的大局。环境污染对中国国际贸易的影响越来越引起人们的关注。

▼酸雨腐蚀的树林

环境污染对人体健康造成直接伤害。中国一些城市的大气污染已影响到儿童的肺功能。世界银行上个世纪末一项研究表明：在中国主要城市中，每年约有17.8万人由于大气污染的危害过早死亡，每年由于大气污染致病而造成的工作日损失达740万人年。

目前，环境问题已明显影响到社会稳定的大局。2004年的沱江污染事件和2005年的松花江污染事件是两个典型的例子。过去10年间，全国环境投诉信件由最初的每年几万封猛增到2005年的60多万封；近年来，因环境问题引发的群体性事件以每年29%的速度递增。2005年，全国发生环境污染纠纷5.1万起。在一些地区生态环境持续退化使居民失去了生存条件，沦为"生态灾民"。

6. 环境污染严重的主要原因

一是对环境保护重视不够。主要是没有正确认识和处理好经济发展与环境保护的关系、当前与长远的关系、局部与全局的关系。由于重视不够，投入不足，环保欠账多，不少地方环境治理明显滞后于经济发展，该治理的不治理，边治理边破坏。二是产业结构不合理，经济增长方式粗放。三是环境保护执法不严，监管不力。环境保护执法中有法不依、执法不严、违法不究的现象还比较普遍，对环境违法处罚力度不够，违法成本低、守法成本高。一些地方不执行环境标准，甚至存在地方保护主义。

▼土壤污染

中国环境保护的主要对策

中国是一个发展中的大国，人口多，人均资源相对不足，经济活动效益低，发展资金严重短缺等，是中国经济和社会发展中的主要困难，也是中国环境保护中的困难，这是中国的基本国情。因此，我们要根据自己的国情，把人口、环境、资源和发展问题作为一个相互联系和相互影响的整体，采用可持续发展战略，实现经济增长、社会进步和环境保护协调发展。

中国宪法明确规定："国家保护和改善生活环境和生态环境，防治污染和其他公害"。"国家保障自然资源的合理利用，保护珍贵的动物和植物"。20世纪80年代初，国家又明确指出，保护环境是中国的一项基本国策。为了贯彻落实基本国策和战略方针，还推出了一系列行之有效的环境管理政策和制度。

▲土地沙化

一、坚持可持续发展方式,把环境保护和建设纳入国民经济和社会发展计划。

环境问题是伴随经济发展和社会进步而产生的,特别是生产和消费活动,即人口增长、工业化、城市化和农业集约化,有十分密切的关系。环境问题是发展活动直接或间接的结果。像洪涝、干旱、滑坡、泥石流等自然灾害,主要是由自然力作用引起的,但乱砍滥伐森林和乱垦滥牧草原,造成植被破坏和退化等人为因素,也是这类自然灾害频发的重要原因。因此,环境问题实质是国民经济和社会发展的问题,是环境与发展的对立统一和平衡的问题。

二、实行计划生育,减缓人口对环境的压力。

中国人口数量已大大超过了中国自然环境和自然资源合理的承载能力,也大大超过了中国经济发展水平的负荷能力。中国的人口问题和环境问题是长期积累形成的,目前仍然保持着人口继续增长和环境质量继续恶化的惯性作用。因此,解决人口和环境问题必须坚持长期不懈地艰苦努力,需要几代人的奋斗。中国人口、环境、资源等问题与国民经济和社会发展问题错综复杂地交织在一起,离开社会经济发展战略和发展方式的改革,单纯依靠人口政策和环境政策,人口问题和环境问题是不可能真正解决好的。

三、制定和严格实施环境法规和标准。

按照国际通行做法和中国加入世界贸易组织承诺,建立环境保护技术法规体系和标

▲泥石流

准体系，将环境质量标准和污染物排放（控制）标准等具有强制效力的规范性文件纳入技术法规管理体系，将其他自愿采用的规范性文件纳入标准管理体系。修改有关法律，明确超标责任，赋予污染物排放标准强制效力。

四、大力推行城市环境综合整治。

在城市建设过程中，大力推行城市环境综合整治，加强城市基础设施的建设，调整不合理的工业布局，综合治理城市大气、水、固体废物和噪声污染，发展园林绿化，把城市建设和城市综合整治有机地统一起来，改善和提高城市环境质量。

五、结合技术改造防治工业污染。

现有企业的技术改造，要把防治工业污染作为重要内容，提出防治工业污染的目标任务和技术方案，技术改造方案和防治方案必须符合经济效益、社会效益和环境效益统一的原则。防治工业污染项目所需资金，要纳入企业的技术改造计划中。

六、建立以合理利用能源和资源为核心的环境保护战略。

节约能源和资源，提高其利用率，是缓和供求矛盾、减少污染、保护环境的重要途径。

七、坚持以强化监督管理为中心的环境管理政策。

预防为主、谁污染谁治理和强化管理三大环境政策的提出，是具有中国特色的环境管理思路逐渐形成、成熟和发展的明显标志，八项环境管理制度的推出，是中国环境管理实践的总结，是逐步落实基本国策、战略方针和三大环境管理政策的有效措施和基本手段。